Anselm Grün

Auf dem Weg zur Freiheit

W0068082

Anselm Grün

Auf dem Weg zur Freiheit

Ein Mutmachbuch
für junge Menschen

Vier-Türme-Verlag

**Bibliographische Information
der Deutschen Nationalbibliothek**

Die Deutsche Nationalbibliothek verzeichnet diese Publikation
in der Deutschen Nationalbibliographie.
Detaillierte bibliographische Daten sind im Internet über
http://dnb.d-nb.de abrufbar.

1. Auflage 2011
© Vier-Türme GmbH, Verlag, Münsterschwarzach 2011
Alle Rechte vorbehalten

Lektorat: Marlene Fritsch
Umschlaggestaltung: Thomas Uhlig, www.coverdesign.net
Umschlagmotiv: Yuri Arcurs/istockphoto.com
Satz: de·te·pe, Aalen
Druck und Bindung: Friedrich Pustet KG, Regensburg
ISBN 978-3-89680-492-1

www.vier-tuerme-verlag.de

Inhalt

Hallo, liebe Leserin, lieber Leser!

Das Buch, das du jetzt in Händen hältst, ist kein »Lehrbuch« oder etwas in dieser Richtung. Es ist aus Gesprächen entstanden, die ich mit jungen Menschen wie dir geführt habe. Dabei wurde mir deutlich, welche Ängste bei euch hochkommen, sobald ihr an eure Zukunft und euer Erwachsenwerden denkt. Aber diese Ängste, so habe ich gespürt, sind auch ein Zeichen eurer Sehnsucht. Ihr wollt euer Leben meistern, selbstständig werden, selbst für euer Leben einstehen. Manchmal kommen dann aber Zweifel in euch auf, ob ihr die Zukunft so gestalten könnt, wie ihr euch das wünscht und ersehnt.

Ich möchte euch hier nicht vorschreiben, wie ihr erwachsen werden sollt. Ich möchte vielmehr auf eure Fragen und Zweifel, Hoffnungen und Sehnsüchte eingehen. Außerdem möchte ich mit dir gemeinsam überlegen, wie der Glaube dir helfen kann, Schritte zum Erwachsenwerden zu gehen. Dabei ist mir wichtig, dass du den Glauben nicht als etwas begreifst, was ich oder »die Erwachsenen« dir von außen überstülpen wollen. Vielmehr möchte ich dir einen Weg zeigen, den Glauben als echte Lebenshilfe zu entdecken oder, wie es schon im Titel dieses Buches steckt, als einen Weg, der in die Freiheit, in deine Freiheit führt.

Ich hoffe, dass all das dir helfen wird, deinen Weg in dein eigenes Leben zu finden,
dein
Pater Anselm Grün

Wer bin ich –
und wer will ich sein?
Von Selbstbewusstsein und Identität

Auf seinem Weg durch den Wald fand ein Jäger ein frischgeschlüpftes Adlerküken, das wohl aus dem Nest gefallen war. Er steckte es vorsichtig in seine Tasche und nahm es mit nach Hause. Auf seinem Hof waren gerade auch die Hühnerküken geschlüpft, also setzte der Jäger das Adlerjunge in den Hühnerstall, wo es von den anderen sofort als eines der ihren angenommen wurde.

Die Küken wurden jeden Tag ein bisschen größer und bald fing der kleine Adler an, sich danach zu sehnen, fliegen zu können. Also sagte er zu seiner Mutter: »Sag mir, wann werde ich fliegen lernen?«

Die Henne hatte schon verstanden, dass dieses Küken anders war als ihre übrigen Kinder. Schon vom Aussehen her unterschied sich der kleine Adler jeden Tag mehr von den jungen Hühnern. Der Henne wurde schmerzlich bewusst, dass sie selbst nicht fliegen konnte und auch nicht wusste, wie sie es dem kleinen Adler beibringen sollte. Aber sie traute sich nicht, das vor dem kleinen Adler zuzugeben. Daher sagte sie zu ihm: »Noch nicht, mein Kind. Ich werde dir zeigen, wie das geht, wenn du soweit bist.«

Monate vergingen, und der junge Adler verstand, dass seine Mutter gar nicht fliegen konnte. Aber er brachte es nicht fertig, das mit dem Fliegen einfach selbst zu versuchen und aus seinem Gefängnis, dem Hühnerhof, auszubrechen. Seine Sehnsucht nach dem Fliegen blieb. Aber er war seiner Mutter so dankbar dafür, dass sie ihn aufgezogen und beschützt hatte, als er klein war, dass er es nicht übers Herz brachte, seinen eigenen Weg zu gehen.

Die eigene Identität finden

»Erwachsenwerden bedeutet, zu sich selbst finden und sich die Frage ›Wer bin ich?‹ zu stellen«, schrieb mal ein junges Mädchen bei einer Runde, in der es um das Erwachsenwerden ging. Zugleich fragten andere, wie man denn die eigene Identität finden kann. Wir können ja die Frage, wer wir sind, nicht bis ins Letzte beantworten. Wenn wir die Frage stellen, werden in uns von alleine Antworten hochkommen: Ich bin ein Junge, ein Mädchen, der Sohn, die Tochter von …, Schüler, Lehrling, Krankenschwester, Student, Deutsche oder Türke, Bayer oder Fränkin. Doch diese Antworten beschreiben nicht die eigentliche Identität. Sie bleiben an der Oberfläche hängen. Wenn wir der Frage »Wer bin ich?« zu Ende folgen, werden wir erahnen, dass in uns etwas ist, das uns übersteigt, dass wir im Letzten ein Geheimnis sind, das wir nicht mehr beschreiben können. Jeder von uns ist einmalig. Aber diese Einmaligkeit kann man nicht mehr in Worte fassen.

Bei der Frage nach der Identität geht es aber auch um ganz konkrete Dinge. Die erste Frage ist, ob ich ein Junge oder Mädchen bin. Und dann: Nehme ich mich als Junge oder Mädchen wirklich an? Sollte ich von meinen Eltern her immer ein Junge oder ein Mädchen sein? All die Erwartungen, die die Eltern – oft unbewusst – an mich gerichtet haben, prägen mich und meine Identität. Um die eigene Identität zu finden, muss ich erst einmal die Bilder erkennen, die meine Eltern mit mir und meiner Person verbunden haben. Manchmal haben Eltern ihre eigenen Bilder auf uns projiziert. Ich soll das leben, was sie selbst nicht leben konnten oder durften. Ich soll also beispielsweise stellvertretend für sie das Abitur nachholen, das sie nicht machen konnten.

Oft stülpen Eltern ihren Kindern auch Bilder ihres eigenen Ehrgeizes über. Die Kinder sollen für sie Arzt oder Architekt oder Professorin werden. Sie wollen am Erfolg ihrer Kinder teilhaben. Wenn Eltern ihren Kindern solche Bilder überstülpen, machen sie sich nicht die Mühe, genau hinzuschauen, wer ihr Kind wirklich ist und ob es ihre Erwartungen erfüllen kann oder nicht.

Aber nicht nur die Eltern verstellen unsere Identität mit ihren Bildern. Wir selbst entwickeln Bilder, die unserem Wesen nicht entsprechen. Wir übernehmen beispielsweise von den Medien irgendwelche Größenfantasien und meinen, wir müssten so werden wie dieser oder jener Schauspieler, wie diese oder jene Sängerin, wie dieser Sportler oder diese Sportlerin. Solche Bilder können hilfreich sein, um meine eigenen Kräfte und Fähigkeiten zu entdecken und zu entfalten. Aber wenn sie zu groß für mich sind, machen sie mich eher krank. Vielen Jugendlichen geht es nicht gut, weil sie ständig ihren großen Selbstbildern hinterherjagen und doch genau wissen, dass sie diese Bilder nie erreichen werden. Manchmal rebelliert die Seele gegen diese maßlosen Selbstbilder mit depressiven Stimmungen oder aber auch mit Angstattacken.

Wer wir wirklich sind

Who am I?
Ich habe gestern einmal bei VIVA reingeschaut.
Da schwang eine bekannte Frau ihre Hüfte und gab
ihre ach so tollen Songs zum Besten.
So sein wie sie? Nein!

Dalai Lamas Buch zur Selbstfindung lesen, um
dann zu wissen, was man aus seinem Leben machen will? Vielleicht!

Doch ab und zu mal auf seine eigenen Bedürfnisse
achten und seine Talente checken, ist das nicht der
beste Weg, zu sich selbst zu finden? Ja!!!

Herr, lass uns erkennen,
wer wir wirklich sind.

Katharina Oster

Manchmal entstehen solche inneren Bilder durch bestimmte Erlebnisse in der Kindheit. Ein junger Mann, dessen Schwester früh gestorben war, hat mir einmal erzählt, dass er für sich das Bild des »Sonnenscheins« verinnerlicht hat. Er musste als Kind für seine Eltern der Sonnenschein sein, damit sie ihre Trauer um die verstorbene Schwester vergessen konnten. Doch dieses Bild hinderte ihn daran, seine eigene Identität zu finden. Er lebte nur das, was er von sich selbst erwartete und wovon er dachte, dass es seinen Eltern guttun würde. Seine eigene Identität finden bedeutet, sich von all den Bildern und Erwartungen zu befreien, die andere einem aufgesetzt haben, und auch von den Bildern, die man sich selbst vor Augen gestellt hat.

Ich entdecke die eigene Identität, wenn ich über mich nachdenke, wenn ich auf mich selbst gestellt bin, wenn ich frei über meine Zukunft entscheide und sie selbst gestalte. Doch ich finde zu meinem wahren Selbst auch in der Begegnung. Es braucht die Begegnung mit anderen Jungen oder Mädchen, um meine Identität als Mann oder Frau zu entdecken und um meine eigene Einmaligkeit zu erkennen. Die Person entsteht in der Begegnung.

Ich werden

Viele, die Angst vor ihrer eigenen Identität haben, suchen sich Gruppen, denen sie sich zugehörig fühlen. Doch in der Gruppe geht es meist nicht um Begegnung, sondern nur um Zugehörigkeit. Das Zugehörigkeitsgefühl kann zwar helfen, Selbstvertrauen und in der Gemeinschaft die eigene Identität zu finden. Aber oft führt die Sehnsucht nach Zugehörigkeit auch dazu, dass man sich anpasst, unterordnet und verbiegt. Umso wichtiger sind für die Entwicklung der eigenen Identität die Freundschaften. In der Freundschaft mit einem anderen, vor allem auch mit einem Vertreter des anderen Geschlechts, findet man zu seiner eigentlichen Identität. Du entdeckst dann, wer du eigentlich bist.

Du suchst nach deinem eigenen Weg. Du willst nicht einfach kopieren, was die Älteren dir vormachen. Doch auf der Suche nach der eigenen Identität bist du auch manchmal verunsichert. Wer bin ich wirklich? Wie finde ich meinen Platz im Leben? In dieser Suche nach deiner Identität brauchst du Menschen, die dich verstehen und die dir Halt geben. Die nicht verunsichert sind durch ihre eigene Unsicherheit, sondern zu dir stehen und dir so Stehvermögen vermitteln.

Du bist einmalig!

Jesus fordert uns auf, unseren eigenen Weg zu gehen. Es genügt nicht, es den anderen nachzumachen, zu tun, was alle tun. Jeder Mensch ist einmalig. Jesus ermutigt uns: »Geht durch das enge Tor! Denn das Tor ist weit, das ins Verderben führt, und der Weg dahin ist breit, und viele gehen auf ihm. Aber das Tor, das zum Leben führt, ist eng, und der Weg dahin ist schmal, und nur wenige finden ihn.« (Matthäus 7,13 f.) Franz Kafka hat in seiner Parabel vom Schloss diesen Text ausgelegt. Da kommt ein Mann zum Schloss und möchte durch das Tor eintreten. Doch ein Türhüter verweigert ihm den Zugang. Als der Mann im Sterben liegt, schickt sich der Türhüter an, genau dieses Tor zu schließen. Denn – so sagt er dem Wartenden – dieses Tor war nur für dich bestimmt. Wir sollen die Tür entdecken, die für uns bestimmt ist, durch die wir den engen Weg finden, auf dem wir unsere eigene Person, unsere eigene Individualität leben können, auf dem wir das verwirklichen können, was Gott uns an Möglichkeiten und Fähigkeiten zugedacht hat. Jeder ist einmalig.

Der Glaube will uns Mut machen, unsere Einmaligkeit zu entdecken und sie auch zu leben. Dann werden wir zum Segen für die Menschen, wenn wir unsere ganz persönliche Lebensspur in diese Welt eingraben. Bei all dem Drang, sich anzupassen und nach den Erwartungen der anderen zu richten, ist der Glaube eine Ermutigung zum eigenen Leben. Es ist faszinierend festzustellen, dass mein eigenes Leben wertvoll ist, dass ich mit meinem Leben etwas beitragen kann, damit diese Welt wärmer und menschlicher wird. Wenn wir unsere ganz persönliche Lebensspur in diese Welt eingraben, dann verändern wir damit diese Welt, auch wenn es nach außen so aussieht, als ob nur die mächtigen Wirtschaftsbosse oder Politiker die Welt gestalten.

Unser eigenes »Passwort« finden

Romano Guardini, ein deutscher Theologe, hat einmal im Traum gehört und erkannt, dass Gott über jeden Menschen ein Urwort spricht, ein »Passwort«, das nur für diesen einen Menschen gilt. Und unsere ganze Aufgabe besteht darin, dieses einmalige Wort, das nur in uns gesprochen wurde, in dieser Welt vernehmbar werden zu lassen. Jeder von uns kann etwas von Gott ausdrücken, das nur durch ihn ausgedrückt werden kann. Jeder ist ein Wort Gottes, das in ihm Fleisch werden und durch ihn in dieser Welt aufscheinen möchte. Du wirst dieses Wort nicht benennen können. Aber vielleicht hast du eine Ahnung, welches Wort Gott in dir spricht, vielleicht: Vertrauen oder Liebe, Klarheit, Harmonie, Lebendigkeit, Freude, Weite oder Freiheit.

Um zu erahnen, was deine wahre Identität ist, versuche folgende Übung: Sage dir einen ganzen Tag lang bei allem, was du gerade tust, vor: »Ich bin ich selbst.« Das klingt einfach. Aber du wirst spüren, dass du oft nicht du selbst bist. Du richtest dich nach der Meinung anderer. Du spielst eine andere Rolle in der Familie, im Freundeskreis, mit deiner Freundin. Wenn du dir immer wieder vorsagst, dass du du selbst bist, dann wirst du Abstand von den Rollen bekommen und die Masken ablegen, mit denen du deine wahre Identität verstellst. Du kannst dieses wahre Selbst nicht mehr beschreiben. Aber du spürst, dass in dir etwas ist, was dir niemand nehmen kann. Du hast eine tiefe Identität, auch wenn du sie nach außen vielleicht noch nicht so klar leben kannst. Aber in deinem Innern weißt du, wer du bist. Wenn Du einen ganzen Tag mit diesem Wort »Ich bin ich selbst« lebst, wirst du eine innere Freiheit spüren. Du bist frei von dem Druck, dich in ein ganz bestimmtes Bild hinein zwingen zu müssen, dich nach den Erwartungen der anderen zu richten. Du bist du selbst, frei, klar, einmalig. Wenn du deine Identität lebst, dann bist du so, wie du bist, ein Segen für andere.

Selbstvertrauen und Glaube

Wenn ich früher für Jugendliche Kurse gehalten habe, ging es immer wieder um das Thema Vertrauen. Da war einmal die Sehnsucht nach einem starken Selbstvertrauen, aber auch nach der Fähigkeit, anderen zu vertrauen. Beides hängt für mich mit dem Vertrauen auf Gott zusammen, zu dem uns der Glaube führen möchte. Selbstvertrauen heißt nicht in erster Linie, dass ich nach außen hin cool bin, unberührt von der Kritik anderer. Viele geben sich cool, weil sie in sich völlig verunsichert sind. Sie trauen sich nicht, den eigenen Gefühlen Raum zu geben. Sie haben Angst, von anderen abgelehnt zu werden.

Selbstvertrauen ist etwas anderes als Selbstsicherheit. Ich muss mich nach außen hin nicht als sicher und cool geben. Ich habe es nicht nötig, eine Fassade von Selbstsicherheit aufzubauen, hinter der ich mit viel Energie all das Schwache und weniger Ansehnliche in mir verstecken muss. Ich darf sein, wie ich bin, manchmal auch unsicher. Wahres Selbstvertrauen bedeutet für mich, dass ich mir selbst traue. In mir ist ein innerer Kern, mein wahres Selbst. Und dieses Selbst ist unabhängig von der Meinung der anderen. In diesem Selbst bin ich in meiner Mitte. Da bin ich authentisch, ganz ich. Wenn ich mit diesem inneren Selbst in Berührung bin, dann bin ich frei, mich nach außen so zu geben, wie ich mich fühle. Ich richte mich nicht nach den Erwartungen der anderen. Denn mein Selbstvertrauen ist nicht abhängig von der Zustimmung der Menschen, von ihrem Lob oder Tadel, sondern von dem Wissen um meine Einmaligkeit und um meinen unendlichen Wert. Dieses wahre Selbst ist das Bild, das Gott sich von mir gemacht hat. Wenn ich mit diesem Selbst in Berührung bin, bin ich frei. Und ich traue dann auch meinen Gefühlen, den Meinungen, die sich tief in meinem Herzen bilden. Echtes Selbstvertrauen hat immer mit der inneren Freiheit zu tun und mit der Erfahrung, mit mir selbst in Berührung zu sein.

Sich seines Selbst bewusst werden

Ein anderes Wort für Selbstvertrauen ist Selbstbewusstsein. Ich kann mir nur dann selbst trauen, wenn ich mir meiner selbst bewusst bin und wenn ich mich mit allem wahrnehme, was in mir ist. Carl Gustav Jung, ein bekannter Schweizer Psychologe, unterscheidet das Ich, das Ego, vom Selbst. Das Ego will, dass alle mich mögen, dass alle mich bewundern und dass ich immer im Mittelpunkt stehe. Wer um das Ego kreist, hat kein Selbstbewusstsein. Er gibt sich nach außen vielleicht selbstsicher. Aber dies ist eine äußere Selbstsicherheit, die durch Unbewusstheit erkauft ist.

Das Selbst dagegen ist der innerste Kern des Menschen, der Ort, an dem auch Gott im Menschen wohnt. Wer sich seines wahren Selbst bewusst ist, der ist unabhängig von der Meinung der Menschen. Er ruht in seiner Mitte und lässt sich durch Kritik nicht aus seiner Mitte herausdrängen. Er bleibt bei sich selbst und kann alles Äußere gelassen betrachten. Weil er sich selbst annimmt, kann er auch die anderen Menschen lassen, wie sie sind, auch in ihrer Feindseligkeit. Er bleibt dennoch gelassen.

Wohin gehe ich?

Wohin gehe ich?
Nach Süden oder Westen?
Drei Schritte vor oder zurück?
Bleibe ich hier oder gehe ich weg?
Gehe ich überhaupt den richtigen Weg?
Hätte ich mich anders entscheiden sollen?
Manchmal denke ich, mein Weg ist der falsche
und ein anderer wäre besser gewesen.
Ich hätte es doch auch einfacher haben können!
Ist es vielleicht sinnvoller, meinen Weg abzubrechen?
Jetzt aufzugeben?
Oder ist es vielleicht doch der richtige?

Deshalb sollte ich meinen Weg weitergehen,
um dies herauszufinden.

Laura Endres

Viele haben kein Vertrauen ins Leben. Natürlich hängt das Vertrauen, mit dem ich durch das Leben gehe, von dem ab, was mir meine Eltern vermittelt haben. Die Mutter vermittelt mir Urvertrauen. Sie gibt mir das Gefühl, willkommen in dieser Welt zu sein. Der Vater stärkt mein Selbstvertrauen, indem er mir Mut macht, in die Welt hinauszugehen, etwas zu wagen. Der Vater stärkt mir das Rückgrat, sodass ich lerne, mich zu behaupten und zu kämpfen. Wer weder von der Mutter noch vom Vater genügend Vertrauen erfahren hat, der tut sich schwer mit dem Vertrauen in das Leben. Und dennoch ist das Vertrauen nicht allein von den Eltern abhängig. Der Glaube kann durchaus helfen, das Vertrauen zu stärken. Ich weiß, dass Gott zu mir steht, dass Gott mich in dieser Welt willkommen heißt, weil er selbst mich geschaffen und gebildet hat. Gott steht zu mir, er stärkt mir wie ein Vater den Rücken. Gott ist der Grund, auf dem ich stehe und der mir Standfestigkeit verleiht.

Wie aus Vertrauen Zutrauen wird

Vertrauen kann ich dir nicht vermitteln, indem ich dich dazu aufrufe: »Vertraue eben! Es wird schon gehen!« Solche Worte erreichen dich nicht. Was du brauchst, ist die Erfahrung von Vertrauen. Solche Erfahrungen des Vertrauens machen wir durch spirituelle Menschen. Sie trauen uns etwas zu und haben keine Angst vor unserer Aggression oder Gedankenfreiheit oder auch vor unseren manchmal nicht wirklich durchdachten Meinungen. Du brauchst die Erfahrung, dass man dir vertraut, auch wenn du anders bist als beispielsweise ich oder deine Eltern.

Als ich noch Jugendkurse gab, wunderten sich viele Teilnehmer, dass ich keine Liste hatte, um das Geld einzusammeln, sondern einen offenen Koffer hinstellte, in den man beim Abschied den Teilnehmerbeitrag hineinwerfen konnte. Ich habe nie kontrolliert. Doch die Finanzen haben immer gestimmt. Wer Vertrauen sät, wird Vertrauen ernten.

Dann aber gibt es auch Erfahrungen im Gottesdienst, die dein Vertrauen stärken. Wer sich in einer Gebetsgemeinschaft getragen fühlt, der geht anders in die Welt. Er fühlt sich auch im Alltag von Gott getragen und von der Gemeinschaft von Gleichgesinnten. Die gemeinsame Erfahrung des Gebetes, des miteinander Singens, der Kommunion, in der wir mit Christus eins werden, stärkt jeden von uns, dass er sich auch dort, wo er allein unter andersdenkenden Menschen ist, getragen fühlt vom Glauben, von der Glaubensgemeinschaft. Nicht die Aufforderung, zu vertrauen, schafft Vertrauen, sondern die Erfahrung von Vertrauen. Und eine Gebetsgemeinschaft vermittelt noch mehr als zwischenmenschliches Vertrauen. Da ist das Vertrauen unter uns getragen vom Vertrauen Gottes, das im gemeinsamen Gebet erfahrbar wird. Und dieses Vertrauen, das zugleich von Gott und von Menschen erlebt wird, dringt in das Herz als eine tiefe Erfahrung ein, die uns dann auch im Alltag prägt.

Trau dich!

Wir möchten einander vertrauen. Und zugleich hast du, haben wir große Angst, dass unser Vertrauen enttäuscht oder missbraucht werden könnte. Vielleicht traust du dich nicht, einem anderen deine Gefühle zu zeigen. Der könnte sie ja weitersagen und dich lächerlich machen. Vielleicht hast du auch Angst, dich auf eine Beziehung einzulassen. Du könntest ja verletzt werden, wenn die Beziehung nicht gelingt. Auch hier kann der Glaube helfen. Er zeigt mir, dass mein Lebensgebäude nicht zusammenbricht, wenn einer mein Vertrauen missbraucht. Das Lebenshaus ist nicht abhängig von der Meinung anderer, von ihrem Vertrauen. Ich ruhe in mir. Ich ruhe in Gott. Das verschafft mir Unabhängigkeit. Und diese Unabhängigkeit ist die Voraussetzung, mich auf andere einzulassen. Natürlich tut es weh, wenn mich ein Mensch, dem ich Vertrauen geschenkt habe, enttäuscht. Wenn er bei anderen über mich redet, wenn er das, was ich ihm im Vertrauen gesagt habe, weitererzählt. Diesen Schmerz kann ich nicht überspringen. Aber ich gehe durch den Schmerz hindurch und finde in mir selbst das Vertrauen zum Leben, zu mir und zu Gott. Und dieses Vertrauen auf dem Grund meiner Seele kann mir niemand zerstören, auch nicht der, der mein Vertrauen missbraucht hat.

Übung

Folgendes kannst du dazu einmal ausprobieren: Selbstvertrauen hat ja etwas damit zu tun, dass ich zu mir stehen kann. Stelle dich daher aufrecht hin, die Füße etwa in Hüftbreite auseinander. Dann stelle dir vor: Du stehst wie ein Baum, der seine Wurzeln tief in die Erde eingräbt. Die Stürme vermögen den Baum nicht umzuwerfen. Er wird nur leicht im Wind hin und her schwanken. Aber er bleibt fest verwurzelt. Dann gehe in deine Mitte – das ist etwa der Unterbauch – und stelle dir vor, dass niemand dich aus deiner Mitte vertreiben kann. Stelle dir vor, dass du wie ein Baum, der seine Krone nach oben entfaltet, dich nach oben öffnest, gleichsam als ob Gott dich an deinen Haaren sanft zieht, um dich aufzurichten. Dann kannst du dir langsam die folgende Sätze vorsagen und dabei wahrnehmen, wie du dich damit fühlst: »Ich habe einen Standpunkt. Ich habe Stehvermögen. Ich kann etwas durchstehen. Ich stehe für mich ein. Ich stehe zu mir.« So lernst du im guten Dastehen Selbstvertrauen. Wenn du vor anderen etwas vorlesen sollst, dann stelle dir immer vor: Du stehst da wie ein Baum. Der Gegenwind, der dir von anderen entgegen weht, zum Beispiel in Form von Erwartungen oder Beurteilungen, kann dir nichts anhaben. Du stehst trotzdem in dir und zu dir.

Muss ich oder darf ich?
Von Freiheit und Verantwortung

Ein junger Schüler verfolgte den Meister den ganzen Tag mit Fragen, auf die er unbedingt eine Antwort von ihm wollte: »Meister, darf ich, wenn ich hungrig bin und nichts zu essen habe, notfalls auch etwas stehlen?« – »Meister, muss ich tun, was meine Eltern mir sagen?« – »Meister, soll ich diesen oder jenen Lehren vertrauen?«

Der Meister schwieg auf alle Fragen. Am Ende des Tages sagte er zu ihm: »In dir hast du eine Antwort auf jede Frage, die du stellst – wenn du nur wüsstest, wie du sie suchen solltest.«

Erwartungen

Junge Menschen wollen frei und unabhängig von der Meinung anderer sein. Aber dennoch fragen sie sich, was die Menschen von ihnen erwarten. Sie fragen sich, ob sie den Anforderungen gerecht werden können, die das Leben an sie stellt – etwa die Anforderungen in der Schule, in einer Ausbildung, im Studium. Und sie überlegen, was die Eltern von ihnen erwarten. Manche zweifeln sogar daran, dass die Erwachsenen überhaupt Interesse haben an dem, was sie bewegt und was sie denken und tun. Vielleicht fragst du dich das auch. Offensichtlich sehnen sich viele von euch danach, von den Erwachsenen wahrgenommen und ernst genommen zu werden.

Für uns Erwachsene sind deine Zweifel ein Appell, uns auf deine Gedanken und Gefühle einzulassen. Der erste Schritt besteht dabei darin, dir einfach zuzuhören, und in der Bereitschaft, verstehen zu wollen, was dich bewegt. Erst dann kann ich versuchen, von meiner Erfahrung her darauf zu antworten, im Wissen, dass ich deine Fragen nicht wirklich beantworten kann. Mein Versuch kann dich aber herausfordern, selbst nach einer Antwort auf deine Fragen zu suchen.

Für viele sind es nach wie vor die Eltern, vor denen sie gut dastehen und deren Erwartungen sie gerecht werden möchten. Andere richten sich dagegen mehr danach, was die Leute sagen oder was gerade »in« ist. Sie möchten den Erwartungen der Medien entsprechen. Doch zugleich spüren sie auch, dass diese Erwartungen sich ständig ändern. Manches, was gestern noch »cool« war, ist es heute nicht mehr. Etwas, mit dem man gestern noch glänzen und punkten konnte, wird heute als altmodisch belächelt. So steht ihr jungen Menschen ständig unter Anpassungsdruck. Oft wisst ihr gar nicht mehr, welche Erwartungen der Umwelt ihr denn erfüllen sollt. Zu schnell wandelt sich eure Umgebung.

Viele haben daher Angst, nicht »in« zu sein. Oft hängt dies mit mangelndem Selbstvertrauen zusammen. Schüler und Schülerinnen haben beispielsweise Angst, wenn sie keine Markenkleidung tragen. Sie befürchten, von den Mitschülern verspottet oder ausgegrenzt zu werden. Sie fühlen sich dann nicht mehr zugehörig. Und das ist das Schlimmste, was jungen Menschen passieren kann. Weil sie weder sich selbst noch Gott gehören, müssen sie zur Gruppe gehören. Die Bedingung für dieses Dabeisein ist, dass sie die Erwartungen ihrer Umgebung erfüllen. Das macht sie unfrei. Das führt in eine neue Sklaverei, in die Sklaverei der Gruppe.

In den Gesprächen mit euch spürte ich, wie sehr ihr euch nach Erwachsenen sehnt, die euch ernst nehmen, die auf eure Fragen hören, ohne euch zu bevormunden und ohne gleich mit einem moralisierenden Zeigefinger daherzukommen. Ihr wollt nur gehört werden, damit ihr dann im Gespräch selbst neue Gedanken entwickeln könnt.

Im Dialog mit euch wurde mir auch schmerzlich bewusst, dass viele Eltern nicht mehr die Zeit finden, sich auf wirkliche Gespräche mit ihren Söhnen und Töchtern einzulassen. Die ständigen Ermahnungen, doch beispielsweise Ordnung zu halten, verhindern oft ein wirkliches miteinander Reden. Doch nur wenn ihr als junge Menschen euch im Gespräch mit Erwachsenen spiegeln könnt, entdeckt ihr, was euch wirklich trägt.

Verantwortung übernehmen

Erwachsen ist ein Mensch, der in die Zukunft sieht und überlegt, was für Auswirkungen sein Handeln für ihn und für die ganze Welt hat. Doch das ist schon eine höhere Form der Verantwortung. Zunächst geht es darum, für das eigene Leben selbst die Verantwortung zu übernehmen. Es gibt junge Menschen, die dazu nicht bereit sind. Sie klagen lieber ihre Eltern an, dass sie daran schuld seien, wenn aus ihnen nichts wird. Oder sie klagen die Schule, die Lehrer, die Ausbilder, die Firmen, die Kirche, die Gesellschaft an, dass sie ihnen den Weg zum selbstständigen Leben verstellt hätten. Statt Verantwortung zu übernehmen, bleiben sie auf der Anklagebank sitzen.

Verantwortung heißt einmal, sein Leben selbst zu gestalten. Ich kann mir meine Vergangenheit nicht aussuchen. Sie ist mir vorgegeben. Aber wie ich darauf antworte, das ist meine Entscheidung, dafür bin ich zuständig. Wenn ich das, was mir an Begabung,

Unsere Fähigkeiten gebrauchen

Unser Gott,

du hast jedem von uns verschiedene
Gaben und Interessen gegeben.

Hilf uns, unsere Fähigkeiten richtig zu gebrauchen
und sie füreinander einzusetzen.

Lass uns unsere Aufgaben im täglichen Leben
erkennen,
ohne dabei den Blick für andere zu verlieren.

Gib uns die Kraft, unsere Arbeit mit Freude zu
beginnen, damit sie uns gut gelingen kann.

Hilf uns, dass wir bei Misserfolgen
nicht mutlos werden und verzagen.

Zeige uns auch unsere eigenen Grenzen
und lass uns dankbar sein für die Hilfe guter Menschen.

Amen.

Martin Messner

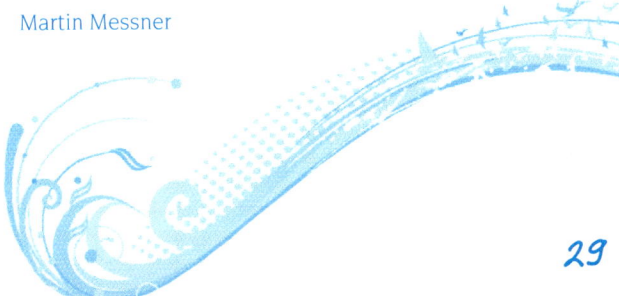

an Fähigkeiten, an Charaktereigenschaften, an Erziehung, an Familiengeschichte vorgegeben ist, bewusst annehme, kann ich es so formen, dass daraus eine einmalige und wertvolle Gestalt entsteht. Manche jungen Menschen sind dazu nicht bereit. Sie vergleichen sich mit anderen und fühlen sich benachteiligt.

Ein großes Hindernis dabei, Verantwortung für das eigene Leben zu übernehmen, besteht für junge Menschen in den Illusionen, die sich in ihren Gehirnen festgesetzt haben. Da gibt es vor allem die Illusion, immer erfolgreich, immer gut drauf, immer der Beste zu sein und immer alles im Griff zu haben. Solche Illusionen hindern uns aber daran, uns mit unserer eigenen Durchschnittlichkeit auszusöhnen und das Potenzial zu entfalten, das Gott uns geschenkt hat. Nur weil wir nicht die Besten sind, treten wir erst gar nicht zum Kampf an. Doch diese Verweigerung hindert uns am Leben. Sie führt dazu, dass wir immer »kindisch« bleiben und unseren unrealistischen Fantasien nachhängen.

Es ist verständlich, dass man sich als junger Mensch zunächst dagegen wehrt, Verantwortung für sein eigenes Leben und für die Welt zu übernehmen. Denn das bedeutet, aus dem »Nest«, aus der Familie, der vertrauten Umgebung springen zu müssen. Wer im Nest sitzt, möchte gerne darin sitzen bleiben. Das ist bequemer.

Ich möchte dir Mut machen, diese Verantwortung zu übernehmen. Denn wenn du ehrlich bist, möchtest du das einerseits schon gerne. Du hast Lust dazu, selbst zu entscheiden, selbst dein Leben zu be-

Selbstkritik

Ich gefalle mir im Kritisieren:
Die Eltern verstehen mich einfach nicht.
Die Großeltern sind sowieso von vorgestern.
Der Unterricht ist langweilig, die Lehrer sind schlecht,
 die Benotung ist ungerecht.

Nur mit mir selbst bin ich großzügig:
Ist doch halb so schlimm,
kann doch mal passieren,
ist doch kein Beinbruch,
nobody is perfect.

Vielleicht sollte ich es einmal andersherum probieren:
kritischer mit mir und großzügiger mit den anderen.
Ich würde allen gerechter werden!

Jonathan Düring

stimmen. Auf der anderen Seite spürst du die Angst vor der Verantwortung. Du brauchst Freunde, vielleicht auch andere Erwachsene, mit denen du sowohl über deine Bereitschaft zur Verantwortung als auch über deine Angst davor sprechen kannst, ohne dabei bewertet zu werden. Und genau in diesen beiden Aspekten von Verantwortung möchtest du ernst genommen werden.

Freiheit im Umgang mit anderen

Als junger Mensch hast du wie alle einen großen Drang nach Freiheit. Du willst dich nicht von anderen gängeln lassen und reagierst oft allergisch, wenn deine Eltern dir sagen, was du zu tun und was du zu glauben hast.

Alle jungen Menschen wollen das Leben selbst erfahren. Sie wollen selbst erkennen, was für sie stimmt. Und sie wollen frei und unabhängig sein. Doch zugleich fühlen sich viele abhängig. Sie haben Angst, sich von ihren Altersgenossen zu unterscheiden. Denn dann würden sie unter Umständen abgelehnt, ausgestoßen und isoliert werden. In vielen Schulklassen herrscht ein »Klassenzwang«: Wer bei bestimmten Themen eine andere Meinung hat, der wird oft mundtot gemacht. Daher passen sich viele lieber der Meinung der Gruppe an, zu der sie sich zugehörig fühlen. Aber sie fühlen sich dabei nicht frei.

Sie leben ständig in der Angst, mit ihrer Meinung anzuecken und aus der Gruppe herauszufallen.

Der Glaube dagegen will in die wahre Freiheit führen. Aber manche jungen Menschen erleben den Glauben oft ganz anders. Sie meinen, sie müssten glauben und einfach übernehmen, was andere sich ausgedacht haben. Sie verbinden den Glauben der Kirche mit moralischen Forderungen, die ihnen weltfremd vorkommen.

Entscheidend finde ich, dir zu zeigen, dass der Glaube ein Weg in die Freiheit ist. Wer in Gott seinen Grund hat, der steht auch dann fest, wenn Menschen um ihn herum anderer Meinung sind. Gottesfurcht befreit von Menschenfurcht. Wenn mir Gott wichtig ist, bekomme ich ein starkes Stehvermögen. Dann verbiege ich mich nicht so schnell. Ich baue mein Lebenshaus auf den festen Grund Gottes und nicht mehr auf den »Sand« der Erwartungen anderer Menschen. Das macht mich wirklich frei. Ich muss nicht alle Erwartungen um mich herum erfüllen oder mich vor dem Richterstuhl selbst ernannter Richter rechtfertigen. Ich bin vor Gott verantwortlich. Das befreit mich von dem Rechtfertigungsdruck anderen gegenüber. Wie aber kann das gelingen? Schauen wir dazu einmal auf das, was in der Bibel steht.

Die Zehn Gebote –
Wegweiser in die Freiheit

Unsere Welt wird immer vielfältiger und undurchschaubarer. Daher sehnen sich viele Menschen nach einer klaren Orientierung. Sie suchen nach guten Anweisungen, wie ihr Leben gelingen kann. Die Zehn Gebote möchten solche Wegweiser sein, die unserem Leben Richtung geben, es richtig werden lassen. Indem sie uns die Richtung zeigen, in die wir gehen sollen, schenken sie uns auch die Kraft, uns auf den Weg zu machen. Denn wer die Richtung weiß, spürt in sich mehr Kraft und Motivation als jemand, der orientierungslos herumläuft.

In der Sehnsucht nach Werten, die unserem Leben Halt und Kraft, Stärke und Würde geben, spielen die Zehn Gebote eine wichtige Rolle. Die Zehn Gebote sind Wegmarken auf der Reise durch die Werte-Wüste, in der wir uns heute befinden.

Was geschieht, wenn man sich nicht an die Gebote hält, das hören und sehen wir heute täglich in den Medien. Wenn die Menschen nicht mehr wissen, was gut und richtig ist, wenn sie sich nicht mehr an vorgegebene Regeln und Maßstäbe halten, dann wird die Welt nicht menschlicher. Im Gegenteil, eine Welt ohne Gebote macht Angst. Auf nichts mehr ist Verlass.

Aber allein die Klage über das Nichteinhalten der Zehn Gebote macht die Welt auch nicht besser. Und durch bloßes Moralisieren werde ich nicht dazu beitragen, dass die Zehn Gebote sich bei den Menschen durchsetzen. Wichtiger ist, den Menschen zu zeigen: Gottes Worte sind immer Worte des Lebens, Worte der Liebe und Worte der Zuwendung. Es sind Weg-Worte, die wir mit auf unseren Weg nehmen können.

Jesus hat die Zehn Gebote nicht in viele Einzelgebote aufgefächert, sondern sie auf das eine reduziert: Gott, sich selbst und seinen Nächsten zu lieben. Er hat verstanden, worum es in den Geboten letztlich geht: um die Frage, ob wir Gott und den Menschen und uns selbst lieben, ob die Liebe die eigentliche Grundlage unseres Lebens ist oder aber Hass und Zwietracht, Neid und Gewalt. Ohne Liebe bleiben die Gebote leer. Und ohne Liebe vermag ich letztlich kein Gebot zu erfüllen. Erst die Liebe füllt die Gebote mit Leben.

Ich kann die Zehn Gebote auch als Spiegel verstehen, in denen ich mich und meinen inneren Zustand reflektiert sehe. Ich kann darin sehen, ob ich auf einem Weg bin, der für mich gut ist, oder ob ich in die Irre gehe. Und ich kann erkennen, wie es gerade um mich steht, ob ich selbst lebe oder gelebt werde, ob ich frei bin oder mich wieder von Neuem versklaven lasse.

Die Gebote Gottes wollen keine Last sein, sondern den Menschen erfreuen. Sie sollen seine Augen erleuchten, damit er die Welt so sieht, wie sie ist. Nur in diesem Sinn können wir die Gebote Gottes richtig verstehen. Sie sind eine Hilfe, dass das Leben gelingt. Sie schützen die Freiheit, die Gott dem Menschen geschenkt hat. Und sie sind Quelle von innerer Ruhe und Freude, von Weisheit und Einsicht.

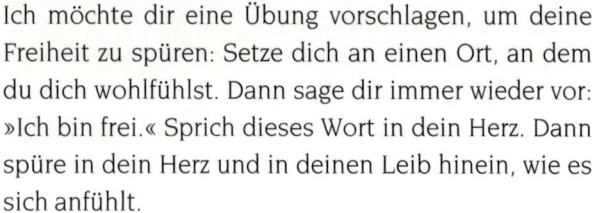

Ich möchte dir eine Übung vorschlagen, um deine Freiheit zu spüren: Setze dich an einen Ort, an dem du dich wohlfühlst. Dann sage dir immer wieder vor: »Ich bin frei.« Sprich dieses Wort in dein Herz. Dann spüre in dein Herz und in deinen Leib hinein, wie es sich anfühlt.

Vielleicht kennst du manchmal das Gefühl, bedrückt zu sein oder eine Last auf dir liegen zu haben. Wenn du dieses Wort in deinen Leib hineinsprichst, wird sich dein Herz öffnen: Du wirst Weite und Freiheit spüren.

Vielleicht tauchen dann Situationen auf, in denen du dich nicht frei fühlst – zum Beispiel, wenn einer eine Erwartung an dich hat oder einen Wunsch an dich richtet, wenn einer dir seine Meinung aufdrängen will oder wenn jemand Macht über dich ausüben möchte.

Dann sage dir: Ich gehöre Gott und nicht diesem Menschen. In Gott bin ich frei. Vor ihm muss ich keine Erwartungen erfüllen. Da darf ich einfach sein.

Gemeinsam sind wir … stark? Unausstehlich? Einsam?
Von Beziehung und Freundschaft

Eine Frau kam einmal zum Meister und beschwerte sich lang und breit über ihre Freundin.

»Eure Freundschaft wäre glücklicher, wenn du eine bessere Freundin wärst«, sagte er zu ihr. Die Frau war verblüfft und fragte ihn: »Und wie könnte ich das sein?«

»Indem du dich nicht länger bemühst, deine Freundin zu einem besseren Menschen zu machen, sondern sie so magst, wie sie ist.«

Freundschaften

Wie wichtig Freundschaften für euch sind, wird mir immer wieder deutlich, wenn ich mit euch spreche oder lese, was ihr mir schreibt. Neulich erhielt ich einen Brief, in dem stand: »Ich bin wirklich so froh, vor allem im letzten Jahr so gute Freunde gefunden zu haben. Ohne sie wäre alles irgendwie leer. Dafür bin ich sehr dankbar. Aber die Angst, enttäuscht zu werden, ist auch da. Es ist schön, jemanden zu haben, mit dem ich über alles reden kann. Mit meinen Eltern kann ich das nicht so.« Bei aller Sehnsucht nach Freundschaft und bei aller Dankbarkeit für erfahrene Freundschaft taucht im Gespräch mit euch aber immer auch die Angst auf: Werden meine Freunde zu mir halten? Wird unsere Freundschaft bestehen bleiben?

Was ich da heraushöre: Ihr schätzt wirkliche Freunde, mit denen ihr euch gut unterhalten könnt und denen ihr vertraut, weil ihr vor ihnen so sein dürft, wie ihr wirklich seid. In solchen Freundschaften findet ihr eure eigene Identität, bekommt ihr Mut, auch von euren schwachen Seiten und Ängsten zu sprechen. Gerade weil ihr euch dann eurer Wahrheit stellt, kann sich in euch etwas entwickeln.

Viele junge Menschen kennen aber auch das Phänomen, dass man die Freundschaft braucht, um sein Alleinsein nicht aushalten zu müssen. Das sind dann aber keine wirklichen Freundschaften. Einer schrieb mir: »Warum tun viele nur so, als würden sie mit allen befreundet sein und alle mögen? Haben sie Angst, alleine zu sein?« Wenn ich so tue, als ob ich mit allen befreundet wäre, habe ich keine wirklichen Freunde. Ich habe eine bestimmte Offenheit, aber ich öffne mich dem anderen nicht wirklich, ich gebe mich nicht preis. Ich halte mir damit die anderen letztlich vom Leib.

Ihr jungen Menschen habt oft ein feines Gespür dafür, wer euch wirklich Freund oder Freundin sein kann. In einer solchen Freundschaft gelten dann nicht die äußeren Dinge wie Kraft oder gute Noten oder viel Geld, sondern die persönlichen Qualitäten wie Ehrlichkeit, Offenheit und Tiefe. Freunde sind für euch eine Hilfe, eure eigene Identität zu finden. Mit echten Freunden könnt ihr über euch selbst sprechen. Ihr erfahrt Vertrauen und dürft euch so geben, wie ihr wirklich sind. Ihr könnt mit ihnen auch über eure Ängste reden, denn ihr müsst ihnen nichts vormachen.

Wenn ich mit meinem Freund beziehungsweise meiner Freundin über meine Gefühle wie Eifersucht, Neid, Angst, Unsicherheit spreche, werde ich mit meiner eigenen Seele in Berührung kommen. Auch das, was ich bisher vor mir selbst verborgen habe, wird offenbar. Und indem ich es offenbare, lerne ich es besser kennen. Wenn mein Freund oder meine Freundin mich wegen meiner Gefühle nicht verurteilt, werde ich mit meiner eigenen Seele vertraut. So entsteht ein Gefühl von Sicherheit und von Freiheit. Ich muss nichts mehr verbergen. Ich darf alles zeigen, was in meiner Seele ist. So lerne ich meine Seele

selbst immer besser kennen. Ich habe Lust, alles an-
zusprechen, was sich in meiner Seele regt. Das macht
mein Leben reicher und bunter. In der Freundschaft
lerne ich mich selbst besser kennen.

Eigentlich sehen sich alle jungen Menschen nach
solchen Freunden, die ihnen Halt und Sicherheit geben. Zugleich aber haben sie Angst, dass die Freundschaft zerbrechen könnte. Und oft haben sie Angst,
sich auf die Freundschaft einzulassen, weil ihr Vertrauen ja missbraucht werden könnte. Manche bleiben lieber isoliert, weil sie den Schmerz nicht aushalten können, wenn eine Freundschaft zerbricht.
Wir Erwachsenen können euch daher nur immer wieder ermutigen, sich auf Freundschaften einzulassen.

Vertrauen, Selbstvertrauen, Vertrauen zum anderen

Nicht nur junge Menschen, sondern eigentlich jeder
sehnt sich nach Vertrauen, das ihm andere entgegen-
bringen, und danach, einem anderen blind vertrauen
zu können. Aber viele erzählen mir, dass sie in ihrer
Sehnsucht nach Vertrauen oft zurückschrecken, wenn
der andere wirklich eine Freundschaft mit ihnen
möchte. Sie haben Angst, sich dem anderen so zu
zeigen, wie sie sind. Sie haben Angst, der andere
könnte hinter ihre Fassade schauen und entdecken,
dass sie beispielsweise gar nicht so selbstbewusst

Lass mich heute auf dich hören

Herr,
lass mich heute
auf dich hören, an dich denken,
auf meine Mitmenschen achten.

Lass mich fühlen,
wenn jemand betrübt ist,
wenn jemand traurig ist,
wenn jemanden etwas bedrückt.

Lass mich helfen, wenn jemand einsam ist,
wenn jemand ausgeschlossen wird,
wenn jemand abseits steht.

Katrin Pickel

sind, dass sie nicht nur angenehme Seiten in sich tragen, sondern auch unangenehme, dass sie mit dem Bild, das sie nach außen hin vermitteln, nicht identisch sind. Diese Angst hemmt sie, sich auf andere einzulassen. Ihr mangelndes Selbstvertrauen hindert sie, Vertrauen zu einem Freund oder einer Freundin aufzubauen. Denn sie spüren, dass Vertrauen Nähe schafft. Und in der Nähe kann man sich nicht mehr verstecken. Da müssen Menschen sich so zeigen, wie sie sind.

Diese Offenheit gelingt aber nur dem, der sich selbst traut und der sich selbst so angenommen hat, wie er ist. Viele Jugendliche fühlen sich zwischen ihrer Sehnsucht nach Vertrauen und ihrer Angst, sich auf das Vertrauen einzulassen, hin und her gerissen. Es bleibt die Angst, der andere könnte über all das, was sie ihm gezeigt haben, vor anderen reden und es lächerlich machen.

Gerade junge Menschen werden dabei oft genug von den Medien verunsichert, die einerseits zu ideale Bilder von Freundschaft ausmalen und andererseits solche von zerbrochenen Freundschaften. Diese Bilder können einen eher abschrecken, sich auf eine Freundschaft einzulassen, weil man spürt, dass man diese Bilder und Erwartungen an einen guten Freund oder eine gute Freundin nicht erfüllen kann.

In der Begleitung von jungen Menschen spreche ich oft über die innere Zerrissenheit, die viele spüren. Ich versuche, ihnen klarzumachen, dass es immer ein Risiko ist, sich auf einen anderen Menschen einzulassen. Ich kann mich nur auf jemanden einlassen, wenn ich in mir selbst ruhe und innerlich weiß, dass meine tiefste Identität nicht vom anderen abhängig ist. Nur wenn ich auch das Scheitern innerlich zulasse und es mir erlaube, kann ich mich auf eine Freundschaft einlassen.

Ganz oder gar nicht?

In Gesprächen erlebe ich oft, dass junge Menschen in den Kategorien von »alles oder nichts« denken: Entweder ist die Freundschaft ganz gut oder sie ist gar nichts. Doch das Leben spielt sich immer in der Mitte und in der Durchschnittlichkeit ab. Die Freundschaft muss nicht ideal sein und sie muss nicht unmöglich sein. Sie ist so, wie sie ist.

Eine Freundschaft wächst langsam. So kann ich meinem eigenen Gefühl trauen: Indem ich mich auf den anderen einlasse, spüre ich, ob eine Resonanz kommt und ob ich wirklich vertrauen kann. Je mehr ich beim anderen spüre, dass er das Vertrauen nicht missbraucht, desto offener kann ich mich auf ihn einlassen. Wenn ich dagegen schon am Anfang spüre, dass er über unsere Beziehung zu anderen spricht und dass er sie lächerlich macht, dann wird das für mich ein Anlass sein, mich nicht näher auf ihn einzulassen. Aber dann zerbricht mein Selbstvertrauen nicht. Ich spüre vielmehr, dass das Zerbrechen der Freundschaft mit der Unreife des anderen zu tun hat.

Aber auch wenn eine Freundschaft eine Zeit lang gelingt, kann sie in eine Krise geraten. Doch das ist nicht schlimm. Eine Krise ist immer auch eine Chance zu klären, was in der Freundschaft schiefgelaufen ist. Vielleicht gar nichts. Vielleicht sind wir uns nur nähergekommen und haben uns selbst und den anderen ehrlicher angeschaut und sind dabei desillusioniert worden. Diese Desillusionierung ist heilsam für eine Freundschaft. Denn Illusionen festigen die Freundschaft nicht, sondern verkleben nur die Augen vor der Wahrheit. Nur wenn ich in immer größerer Nähe mir und dem anderen offen und immer »desillusionierter« begegne, kann die Freundschaft stabil werden. Eine Krise und ein Streit müssen nicht das Ende einer Freundschaft sein. Sie sind vielmehr eine Herausforderung, noch ehrlicher mit sich und mit dem anderen umzugehen.

Ein Glaube, der entlastet

Junge Menschen haben hohe Erwartungen an Beziehung. Und oft genug sind es gerade die hohen Erwartungen, die ihnen Angst machen, dass die Beziehung misslingen könnte. Da braucht es das Vertrauen, dass die Beziehung gelingen wird, dass sie von Gott gesegnet ist und dass sie durch Krisen hindurchgehen und dadurch noch stärker werden wird. Der Glaube ist nicht einfach ein Patentrezept, das mir garantiert,

Wie viel Liebe in einem Kuss ist

Was wir zählen und messen können:

Wie viele Kinder in einer Klasse sind.
Wie viele Fenster ein Haus hat.
Wie schnell ein Flugzeug fliegt.
Wie tief das Meer ist.
Wie schwer ein Stein wiegt.
Wie lang eine Straße ist.
Wie hoch die Wolken sind.

Was wir nicht zählen und messen können:

Wie viel Liebe in einem Kuss ist,
den die Mutter dem Kinde gibt.
Wie viel Angst einer hat, wenn er allein ist.
Wie viel ein gutes Wort wiegt.
Wie teuer ein guter Freund ist.
Wie schwer es ist, wenn uns keiner mag.
Wie tief eine Lüge verletzen kann.
Wie groß eine Freude sein kann.

Günther Weber

dass eine Beziehung gelingt. Aber der Glaube kann mir in meiner Suche nach Freundschaft und Partnerschaft helfen, die richtigen Maßstäbe zu finden und mich realistisch und zugleich voll Vertrauen auf eine Beziehung einzulassen. Für mich sind es zwei Hilfen, die der Glaube dabei bietet. Die eine ist: Der Glaube zeigt mir, dass ich selbst nicht daran zerbrechen werde, wenn eine Freundschaft zerbricht. Ich werde auch dann, wenn eine Beziehung misslingt, in Gottes guter Hand sein. Mein Wert hängt nicht allein von der Beziehung ab. Und das Gelingen meines Lebens hängt nicht allein an der gelingenden Partnerschaft. Der Glaube entlastet mich. Er nimmt mir die Angst. Er gibt mir Mut, mich auf eine Beziehung einzulassen. Denn er entlastet mich: einmal durch die Verheißung, dass ich auch beim Scheitern einer Beziehung innerlich nicht scheitern muss. Zum anderen durch das Vertrauen, dass Gott unsere Partnerschaft segnet. Ich muss nicht alles selbst machen. Ich muss nicht allein für das Gelingen garantieren. Ich soll tun, was ich tun kann. Aber ich darf vertrauen, dass unsere Partnerschaft unter dem Segen Gottes steht.

Eine andere Vorstellung des Glaubens kann ebenfalls eine Hilfe für unsere Beziehungen sein. Wir überfordern uns oft gegenseitig, weil wir zu hohe Erwartungen an den anderen haben. Wir möchten absolute Liebe, absoluten Halt, absolute Geborgenheit. Doch etwas Absolutes vermag allein Gott zu schenken. Auch diese Vorstellung entlastet. Wenn ich vom anderen nicht etwas Absolutes erwarte, sondern nur Zeichen, die auf das Absolute hinweisen, dann kann ich dankbar sein für das, was er mir schenkt. Er erfüllt nicht all meine Sehnsucht. Aber er hält meine Sehnsucht nach Gott wach.

Ich werde ihm nicht zum Vorwurf machen, dass er mir nicht absoluten Halt und absolute Liebe zu schenken vermag. So kann ich die Beziehung genießen und sogleich relativieren. Sie ist Bild für die Beziehung zu Gott und sie verweist mich in der eigenen Begrenztheit immer wieder auf die unbegrenzte und unendliche Liebe Gottes, an die wir mit unserer begrenzten Liebe rühren.

Du hast dich sicher schon einmal verliebt. Du warst überglücklich, als deine Liebe auch erwidert wurde. Aber manchmal hast du auch gelitten, dass nur du verliebt warst, die Freundin, der Freund aber nicht in dich. Die Liebe, die du beim Verliebtsein gespürt hast, ist deine Liebe. Sie gehört dir. Selbst wenn sie nicht erwidert wird, ist sie in dir. Niemand kann sie dir nehmen. Sie zeigt dir, dass du fähig bist zu lieben und dass die Liebe deinem Leben einen neuen Geschmack gibt. Wenn du deiner begrenzten Liebe auf den Grund gehst, wirst du in dir eine Quelle der Liebe entdecken, die unvergänglich ist, weil sie göttlich ist. Jeder von uns sehnt sich danach, zu lieben und geliebt zu werden. Aber das Ziel dieser Sehnsucht ist nicht, dass einer kommt, der uns für immer satt macht mit seiner Liebe. Vielmehr wird jede erfahrene Liebe unsere Sehnsucht nach Liebe von Neuem anstacheln. Das Ziel ist vielmehr, dass wir Liebe sind, dass wir den Zustand in uns wahrnehmen, da alles in uns von Liebe erfüllt ist. Die Liebe, die in uns ist, strömt zu den Menschen hin, zur Natur, zu allem, was ist. Wenn du diese Erfahrung machst, dann ist das eine spirituelle Erfahrung. Du erfährst letztlich die Liebe als Grund deiner Seele. Diese Liebe ist göttlich. Diese Liebe ist mehr als ein Gefühl. Sie ist eine Qualität des Seins. Sie ist letztlich eine Macht, die Gott uns schenkt, damit unser Leben einen neuen Geschmack bekommt. Wenn du mit dieser göttlichen Quelle der Liebe in dir in Berührung bist, dann verlierst du die Angst, dass deine Liebe immer erwidert wird. Du weißt, dass dir diese göttliche Liebe niemand nehmen kann.

Übung

Folgende Übung kann dir helfen: Setze dich an einen Ort, an dem du dich geborgen und behütet fühlst. Lass vor deinem inneren Auge all die Erfahrungen von Liebe vorbeiziehen, die dir gerade einfallen: dein Verliebtsein, die Liebe im Alltag, die Liebe, die sich in der Sexualität ausdrückt und dich einswerden lässt, aber auch all die Verletzungen im Miteinander, die Enttäuschungen an der Liebe.

Lasse all diese Erfahrungen zu, ohne sie zu bewerten und ohne sie festzuhalten. Gehe vielmehr durch diese Erfahrungen hindurch auf den Grund deiner Seele. Die Gefühle von Liebe sind in deinem Brustbereich. Doch unterhalb des emotionalen Bereichs ist in dir eine Quelle der Liebe, die nie versiegt, weil sie göttlich ist.

Stelle dir vor, dass in dir diese Quelle der Liebe ist, die dir niemand nehmen kann, die dir auch nie zwischen den Fingern zerrinnen kann. Denn diese Quelle ist gespeist von Gottes Liebe.

Genieße diese Liebe auf dem Grund deiner Seele und traue ihr. Sie ist stärker als alle Konflikte und Auseinandersetzungen. Sie ist auch in dir, wenn du mal keine Gefühle von Liebe in dir spürst, wenn der andere dir fremd erscheint.

Lasse nun diese Liebe in dir zu allem hinströmen, was ist: in deinen Leib, zu den Menschen um dich herum, zu dem Menschen, den du vor allem liebst, und letztlich zu Gott. Dann kannst du erahnen, was Paulus meint, wenn er schreibt: »Die Liebe erträgt alles, glaubt alles, hofft alles, hält allem stand. Die Liebe hört niemals auf.« (1 Korinther 13,7 f.)

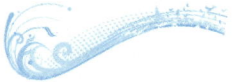

Warum soll ich eigentlich jeden Morgen aufstehen?

Vom Sinn des Lebens

Ein besonders ungeduldiger Schüler stürmte, als er ankam, durch alle anderen Schüler, schubste sie zur Seite und rannte zum Meister nach vorne.

»Meister, so sagt mir doch: Was ist der Sinn des Lebens!«, rief er atemlos.

Der Meister stand auf und war schon auf dem Weg nach draußen. Der Schüler sah ihm fassungslos nach. An der Tür drehte sich der Meister noch einmal um.

»Kannst du ein Geheimnis für dich behalten?«, fragte er ihn.

»Ja, ja sicher!«, antwortete der Schüler ganz gespannt und erwartungsvoll.

»Siehst du, ich auch«, sagte der Meister schmunzelnd und schloss die Tür.

Was heißt das, »sinn-voll«?

In einer Runde, bei der ich mit jungen Menschen ins Gespräch kam, hat die Frage, welchen Sinn das Leben hat, die meisten sehr bewegt. Sie fragten sich, ob und wann ihr Leben sinnvoll ist.

Die Antworten auf diese Frage variierten dabei. Einige meinten, sie wüssten nicht, was der Sinn ihres Lebens sei, sie würden noch danach suchen. Einer sagte, für ihn sei das Leben sinnvoll, wenn er glücklich sei und wenn er alles um sich herum positiv sehen könne. Eine andere sah den Sinn ihres Lebens darin, etwas Großes in der Welt zu bewegen – entweder durch ein Projekt oder durch Ideen, die sie entweder im Schreiben oder Malen zum Ausdruck bringen könne. Einer meinte, der Sinn des Lebens würde darin bestehen, das Leben in seinem Wert zu schätzen und das Beste daraus zu machen. Wieder eine andere sah den Sinn des Lebens im Streben nach Vollendung. Und eine junge Frau sprach davon, dass sie sich selbst treu bleiben wolle: Sie möchte das Leben leben, das sie von Gott her empfangen hat.

All diese Antworten zeigen uns Wege, wie wir in unserem Leben einen Sinn sehen können. Ich selbst sehe den Sinn des Lebens in zwei verschiedenen Weisen. Die erste besteht für mich darin, dass ich mein einmaliges Leben lebe, das Gott mir zugedacht hat. Jesus spricht davon, dass wir nicht einfach so leben sollen, wie es alle tun. Unser Leben ist einmalig, Gott spricht jeden Menschen ganz persönlich an. Unsere Aufgabe besteht darin, das einmalige, jedem Einzelnen zugesprochene Wort Gottes in dieser Welt vernehmbar zu machen. Es erfordert eine gewisse Anstrengung, die eigene Einzigartigkeit zu entdecken und sie gegen die Erwartungen der Umwelt zu leben.

Die zweite Antwort auf die Frage nach dem Sinn des Lebens besteht für mich darin, dass ich meine Aufgabe in dieser Welt finde. Biblisch gesprochen könnte ich sagen: Ich folge dem Ruf, der von Gott her an mich ergeht. Ich frage mich, was meine Sendung in dieser Welt ist: Was könnte ich dazu beitragen, dass diese Welt menschlicher und wärmer und liebevoller und sinnvoller wird?

Die eigene Spur finden

Bei der Suche nach meiner Sendung geht es nicht darum, meinem eigenen Ehrgeiz zu huldigen. Auf der einen Seite soll ich meine Grenzen akzeptieren, auf der anderen Seite soll ich auch nicht zu klein von mir denken. Jeder von uns hat eine Aufgabe in dieser Welt. Jeder gräbt mit seinem Leben eine Spur in diese Welt, die nur durch ihn eingegraben werden kann. Was unsere Aufgabe ist, entdecken wir zum einen im Hinhören auf unsere Stärken und Schwächen, auf unsere Begabungen und Vorlieben. Aber wir entdecken sie zum anderen auch, indem wir auf die Menschen um uns herum schauen: Vielleicht ruft

Gott uns durch Menschen, die wir in Not sehen, die in uns die Bereitschaft wecken, etwas Sinnvolles für andere zu tun. Oder wir sehen unseren Auftrag darin, für eine menschlichere Welt zu kämpfen und unsere Kraft dafür einzusetzen, dass auch nachkommende Generationen in dieser Welt gut leben können.

Gerade junge Menschen brauchen einen Sinn, der sie zum Handeln treibt. Sie brauchen ein Ziel, das sie anstreben können. So ein Ziel, das man seinem Leben gibt, weckt eigene Kräfte und Fähigkeiten. Und es erzeugt in uns die Energie, sich für andere einzusetzen und so über uns selbst hinauszuwachsen. Glücklich wird der Mensch nur, wenn er einen Sinn in seinem Leben gefunden hat und wenn er spürt, dass sein Leben für andere fruchtbar geworden ist.

Die Psychologie bestätigt uns, dass das Leben nur gelingt, wenn wir einen Sinn für uns gefunden haben. Viktor Frankl, ein berühmter Psychologe und Therapeut, fand heraus, dass die Menschen krank werden, wenn sie keinen Sinn in ihrem Leben sehen. Für ihn gibt es drei Arten von Werten, die unser Leben sinnvoll machen.

Die Antwort kennst nur du

Wer bin ich?
Woher komme ich?
Wohin gehe ich?
Was ist meine Aufgabe?

Diese und noch viele andere Fragen
habe ich mir schon sehr oft gestellt,
aber nur du allein kennst die Antworten dazu.
Gott, bitte zeige sie mir doch!

Micha Prechtel

Werte geben Sinn

Das eine sind die Erlebniswerte: Wenn ich gerade etwas Schönes erlebe, wenn ich einen Sonnenaufgang anschaue, wenn ich gerade geliebt werde, wenn ich beim Fußball ein Tor schieße, dann frage ich nicht nach dem Sinn, sondern dann erlebe ich mein Leben einfach als sinnvoll.

Das Zweite sind die schöpferischen Werte: Wenn mir eine Prüfung gelungen ist, wenn ich eine Verhandlung erfolgreich abschließen konnte, wenn ich etwas handwerklich hergestellt habe, was meinen Vorstellungen genau entspricht, wenn ich am kreativen Gestalten bin, dann erfahre ich mein Leben als sinnvoll.

Die dritten Werte, die meinem Leben Sinn geben, sind die Einstellungswerte. Sie sind vor allem in schwierigen Situationen wichtig – etwa in der Krankheit, im Leid, beim Verlust eines lieben Menschen. Ich kann dieses Leid nicht rückgängig machen. Aber ich kann mich entscheiden, wie ich darauf reagiere. Ich kann am Leid verzweifeln oder aber ich kann auf die jeweilige leidvolle Situation antworten.

Viktor Frankl sah im Glauben einen guten Weg, dem Leben einen Sinn zu geben. Gerade die Einstellungswerte zeigen uns, dass es immer auf die Frage der Deutung ankommt. Der Glaube deutet meine Wirklichkeit und hilft mir damit, sie zu bewältigen.

Es gibt kein Leben ohne Deutung. Jeder von uns hat seine persönlichen Deutungen. Wenn ich morgens aufstehe und zur Arbeit gehe, habe ich unbewusste Deutungen parat. Vielleicht deute ich die Arbeit als langweilig oder als Last. Dann werde ich sie auch so erleben. Wenn ich mein Leben vom Glauben her deute, dann bekommt alles einen Sinn. Ich arbeite nicht, weil der Chef etwas von mir will, sondern weil ich von Gott die Fähigkeit bekommen habe, schöpferisch zu arbeiten. Ich lerne nicht, damit der Lehrer zufrieden ist, sondern damit ich meine Fähigkeiten entfalte und mich für eine gute Zukunft vorbereite. So besteht unsere Aufgabe darin, für unser Leben eine Deutung zu finden, die es sinnvoll macht.

Der Glaube kann uns dabei helfen, einen Sinn in unserem Leben zu entdecken. Denn der Glaube deutet unser Leben von Gott her. Und von Gott her bekommt alles einen Sinn, auch das, was wir zunächst nicht verstehen. Wenn ich glaube, dass Gott mich in die Welt gerufen hat, damit durch mich die Welt menschlicher und liebevoller wird, dann hat mein Leben einen Sinn. Dann werde ich jeden Morgen mit diesem Gefühl in den Tag gehen, dass ich heute Licht und Liebe in diese Welt tragen möchte.

Warum lohnt es sich zu leben?

Immer wieder fragen mich junge Menschen, ob es sich überhaupt noch lohne zu leben, da doch alles sinnlos sei. Andere sagen: Ich kann es nicht verantworten, Kinder in diese Welt zu setzen, da alles immer schlimmer wird. Die Umwelt wird immer mehr zerstört. Die Gewalt nimmt zu. Das Leben wird immer weniger lebenswert. Oder: Warum lohnt es sich zu leben, wenn ich unheilbar krank bin, wenn ich keine Chance auf dem Arbeitsmarkt habe, wenn alles aussichtslos ist? Ist es dann nicht konsequenter, mit dem Leben Schluss zu machen, als nur sehr reduziert zu leben? Solche Fragen tauchen in uns auf und ich erschrecke oft vor der Hoffnungslosigkeit, die darin steckt.

Der Glaube sagt uns, dass jedes Leben lebenswert ist, auch das kranke. Auch der kranke Mensch hat einen unendlichen Wert. Er zeigt uns andere Seiten des Lebens. Man ist eben nicht immer nur gesund und stark und erfolgreich. Gerade die schwachen und kranken Seiten im Leben weisen uns auf etwas anderes hin, auf den wahren Wert des Menschen. Und der besteht in seiner einmaligen Person. Ich habe oft kranke Menschen erlebt, die mich beschenkt haben, weil sie durchlässig waren für ein Licht, das ich in mir selbst so nicht wahrgenommen habe.

Wenn uns das Leben einen Strich durch die Rechnung macht, wenn uns etwas widerfährt, das all unsere Lebenspläne über den Haufen wirft, dann kom-

Lass mich
langsamer gehen

Lass mich langsamer gehen, Herr.
Entlaste das eilige Schlagen meines Herzens
durch das Stillwerden meiner Seele.
Lass meine hastigen Schritte stetiger werden
mit dem Blick auf die weite Zeit der Ewigkeit.

Gib mir inmitten der Verwirrung des Tages
die Ruhe der ewigen Berge.
Löse die Anspannung meiner Nerven und Muskeln
durch die sanfte Musik der singenden Wasser,
die in meiner Erinnerung lebendig sind.

Lass mich die Zauberkraft des Schlafens erkennen,
die mich erneuert.
Lehre mich die Kunst des freien Augenblicks.
Lass mich langsamer gehen,
um eine Blume zu sehen,
ein paar Worte mit einem Freund zu wechseln,
einen Hund zu streicheln,
ein paar Zeilen in einem Buch zu lesen.

Lass mich langsamer gehen, Herr,
und gib mir den Wunsch,
meine Wurzeln tief in den ewigen Grund zu senken,
damit ich emporwachse
zu meiner wahren Bestimmung.

Gebet aus Afrika

men solche Fragen auf. Aber gerade hier kann uns der Glaube helfen, zu entdecken, warum es sich dennoch lohnt.

Gregor von Nyssa, einer der sogenannten Kirchenväter, der im vierten Jahrhundert nach Christus lebte, nimmt einmal ein Bild aus dem Sport, um das zu verdeutlichen: Wenn du tausend Meter laufen willst, brauchst du andere Sportler, die mit dir laufen. Sie verfolgen dich, damit du schneller zum Ziel kommst. Du musst nicht der Erste sein. Aber die Mitläufer fordern dich heraus, das Optimum aus dir herauszuholen. Gregor meint nun, gerade das, was uns durchkreuzt, was uns verfolgt – eine Krankheit, ein Scheitern, ein Unglück, die Trennung von einem lieben Menschen –, das sporne uns an, noch eindeutiger und klarer auf Gott hin zu laufen. Das Ziel unseres Lebens ist, auf Gott hin zu laufen, durch alle Hindernisse und Schwierigkeiten hindurch. Der Glaube stärkt uns, dass wir nicht entmutigt werden, wenn uns etwas Schlimmes trifft.

Übung

Setze dich bequem an deinem Lieblingsort hin. Gehe mit deinem Bewusstsein in deinen Leib hinein. Stelle dir vor, dass du alle Unruhe, die in dir hochkommt, einfach abfließen lässt. Stelle dir deinen Brustbereich wie ein inneres Kino vor. In diesem Kino laufen nun Filme deines Lebens ab. Lass die Szenen auf der inneren Leinwand ablaufen, in denen du dein Leben als sinnvoll erlebt hast. Vielleicht fallen dir Situationen ein, in denen du dich einfach eins mit dir gefühlt hast. In diesem Augenblick war dein Leben auch sinnvoll. Oder du hast dich gar nicht nach dem Sinn gefragt, weil es einfach voller Sinn war. Vielleicht kommen in dir Situationen hoch, in denen du dich für andere engagiert hast oder in denen eine Begegnung gelungen ist, ein Treffen geglückt ist.

Wenn keine neuen Situationen mehr in dir auftauchen, dann frage dich: Was gibt meinem Leben Sinn? Oder auch: Welchen Sinn möchte ich meinem Leben geben? Welchen Auftrag spüre ich für mich in dieser Welt? Wo möchte ich mich engagieren? Was kann ich gut? Was gelingt mir? Nach den Fragen wende dich wieder in deinen Leib hinein. Spüre dich in den Brustbereich hinein, in dem dein Sinn-Film abgelaufen ist. Vielleicht fühlst du jetzt einfach nur den Sinn. Du spürst Stimmigkeit. Du bist im Einklang mit dir. In diesem Augenblick fragst du nicht mehr nach dem Sinn. Du spürst ihn einfach.

DAS ist mein Leben!
Vom Entdecken der eigenen Lebensspur

Es war einmal eine Muschel, die eines Morgens in einen Strudel am Meeresgrund geriet. Sand und Wasser stoben durcheinander, und als sie endlich wieder herausfand, hatte sich ein Sandkorn in ihr weiches Inneres verirrt, das sie jetzt schrecklich drückte, kratzte und verletzte. Trotz aller Bemühungen konnte sie das Korn nicht wieder loswerden. Damit der Schmerz endlich aufhörte, begann sie, es mit immer weiteren Schichten von Perlmutt zu umgeben. Endlich hatte das Korn keine Ecken und Kanten mehr und tat ihr nicht mehr weh.

Eines Tages tauchte ein Mensch auf den Meeresboden hinab, um Muscheln zu sammeln. Und so bekam er auch die Muschel mit dem Sandkorn im Innern zu fassen. Als er später an Land die Muschel öffnete, schimmerte ihm die schönste Perle entgegen, die er je zu Gesicht bekommen hatte. So war aus all dem Schmerz der Muschel ein kostbarer Schatz geworden.

Von wegen unbedeutend!

Eine große Sehnsucht vieler junger Menschen ist, ihre eigene Lebensspur zu finden. Sie möchten erkennen, worin ihre Einzigartigkeit besteht und wie sie mit ihrem Leben diese Welt mitprägen können. Manche meinen, es habe keinen Sinn, überhaupt diese Welt mitzugestalten, weil dies die Mächtigen dieser Erde bereits tun – und zwar allein. Sie fühlen sich so unbedeutend, dass sie glauben, niemand interessiere sich für sie. Doch jeder Mensch prägt diese Welt mit. Die heutige Physik spricht von sogenannten morphogenetischen Feldern. Das meint ganz einfach, dass alles miteinander zusammenhängt: Was wir denken, wie wir leben, wie wir fühlen, all das wirkt sich auf unsere Umwelt aus. Die Spur, die wir mit unserem Leben in diese Welt eingraben, verändert die Welt. Das, was wir in die Welt hineingeben, kann nicht rückgängig gemacht werden.

Wie können wir unsere Lebensspur entdecken? Es gibt für mich drei Wege. Der erste Weg besteht darin, mich in diesem Augenblick zu fragen: Stimmt mein Leben? Strömt es in mir? Fühle ich mich im Einklang mit mir selbst? Bin ich mir klar über meine wahre Identität? Wenn du das Gefühl hast, dass dein Leben im Fließen ist, dann darfst du darauf vertrauen, dass du mit deiner persönlichen Lebensspur in Berührung bist. Es wird noch nicht deine endgültige Spur sein. Dein Gespür für dich und für deine Stimmigkeit wird sich wandeln. Es ist gut, von Zeit zu Zeit in sich

Du hast mich ins Leben gerufen

Ich bin nur eine Kreatur,
von Gott geschaffen,
eine unter vielen.

Und dennoch bin ich
etwas ganz Besonderes.

Denn Gott hat mich ins Leben gerufen.
Er hat mir einen Namen gegeben
und mich in die Welt geschickt.

Wenn ich daran denke,
bin ich glücklich darüber,
dass Du, Gott, mich magst.

Ich danke dir dafür.

Fabian Ott

hineinzuhorchen, sowohl auf die Stimmung als auch auf den Leib zu hören, um zu erkennen, ob wir im Einklang sind mit uns selbst.

Der zweite Weg besteht darin, in deiner Kindheit nachzuschauen, wo du da im Einklang mit dir warst. Womit konntest Du dich stundenlang beschäftigen, ohne müde zu werden? Wo warst du ganz du selbst? Wo konntest du dich selbst vergessen, weil du ganz bei dem warst, was du machtest? Oder was waren deine Lebensträume als Kind? Welchen Beruf wolltest du ergreifen? Welche biblischen Gestalten haben dich fasziniert? Welche Märchen oder welche Geschichten waren deine Lieblingslektüre? Was hat da dein Herz berührt?

Wenn du dir diese Fragen stellst oder diesen Aufgaben widmest, wirst du Bilder in dir entdecken, die für dein ganzes Leben wichtig sind. Ein paar Beispiele: Ich selbst wollte als Kind immer Maurer werden. Es hat mich fasziniert, etwas aufzubauen. Heute ist das für mich ein Bild für mein Schreiben: Mit meinen Worten möchte ich für die Leser und Leserinnen ein Haus bauen, in dem sie sich zu Hause fühlen, in dem sie ausruhen dürfen von ihren Sorgen und Ängsten und neue Kraft finden, wieder in den Alltag zu gehen. Ein Mann erzählte mir, er habe als Kind leidenschaftlich gern Fußball gespielt. Seine Lebensspur war die, dass es seine Aufgabe wurde, am Arbeitsplatz aus den Kollegen eine Mannschaft zu formen, die gemeinsam ein Ziel hat und gemeinsam die Welt gestalten will. Dabei war für ihn von großer Bedeutung, dass alle Spieler gleich wichtig sind, dass alle mitspielen und ihren Beitrag zu einem guten Spiel leisten. Jeder sollte so spielen, dass es gut für die Mannschaft aussieht, statt sich selbst in den Vordergrund zu drängen.

Die Weisheit der Muschel

Der dritte Weg, die eigene Lebensspur zu entdecken, besteht darin, die Verletzungen anzuschauen, die du in deiner Lebensgeschichte erlitten hast. Hildegard von Bingen sagt, die Kunst der Menschwerdung würde darin bestehen, die Wunden in Perlen zu verwandeln. Dort, wo wir zu kurz gekommen sind, wo wir nicht die Liebe bekommen haben, nach der wir uns gesehnt haben, dort, wo wir nicht verstanden wurden, dort spüren wir Schmerz. Aber dort fühlen wir uns auch lebendig. Hier spüren wir, dass wir uns auf die Suche machen müssen. Und manchmal sind wir gerade darin offen für die Not anderer Menschen. Weil wir selbst verletzt worden sind, spüren wir die Wunden der anderen und sind dazu fähig, ihre Wunden zu lindern oder gar zu heilen. Viele Ärzte, Therapeuten und Seelsorger haben ihre Wunden in eine Perle verwandelt. Sie haben Verständnis für die Menschen und bieten ihnen wirkliche Hilfe an. Sie haben ihre Stärken gerade in ihren Wunden entdeckt.

So verschieden wie du und ich

Ganz gleich, wie deine Lebensgeschichte war oder ist: Du kannst deine Spur in diese Welt eingraben. Du brauchst deine Spur nicht mit der Spur anderer Menschen zu vergleichen. Ein junger Psychologe erzählte mir einmal, dass er in seinem Skiurlaub in den Neuschnee seine Spur eingegraben und sie dann von oben betrachtet habe. Das fand er faszinierend. Und es war für ihn ein schönes Bild, dass er mit seinem Leben eine Spur in den »Neuschnee« dieser Welt gräbt. Er brauchte seine Spur nicht mit denen anderer zu vergleichen oder gar deren Spur zu kopieren. Seine Spur ist einmalig. Und sie ist gut, so wie sie ist.

Vertraue darauf, dass deine Spur gut ist, wenn du ganz im Einklang bist mit dir selbst, mit dem Wort, das Gott nur in dir gesprochen hat. Und vertraue, dass durch deine Spur diese Welt etwas heller und wärmer und menschlicher wird.

Manche verwechseln die Lebensspur mit einer Leistung, die sie erbringen müssen. Doch es geht nicht um Leistung, sondern um die Ausstrahlung, die von uns ausgeht. Manch eine strahlt einfach Freude aus und Heiterkeit. Manch einer strahlt Kraft und Klarheit aus. Sie graben ihre Spur in die Welt ein. Sie müssen nicht ein großes Werk vorweisen. Sie sollen nur immer bewusster ihre Spur eingraben. Als ich dies einmal einem jungen Mann sagte, erzählte er mir, dass er depressiv sei. Der Gedanke der Lebensspur sei ja schön, aber er habe mit seiner De-

Zeige mir den Weg

Wer bin ich? Was bin ich? Warum bin ich?

Das sind Fragen, die ich mir oft stelle,
und ich weiß so oft keine Antwort.

Gott, zeige du mir, wer ich wirklich bin,
was ich bin und warum es mich überhaupt gibt.

Gibt es einen Grund, einen Sinn für mein Leben?

Ich bitte dich:
Zeige mir den Weg, führe mich und verlasse mich
nicht.

Daniel Hausknecht

pression so zu kämpfen, dass er gar nicht an seine Lebensspur denken könne, meinte er. Ich sagte ihm: »Keiner erwartet von dir, dass du eine Spur der Fröhlichkeit in diese Welt eingräbst. Aber wenn du dich aussöhnst mit deiner depressiven Struktur, dann kann von dir doch Segen ausgehen in die Welt. Du gräbst dann eine Spur von Tiefe und Geheimnis in diese Welt. Du vermittelst den anderen, dass nicht alles nur oberflächlich ist, sondern dass es eine Tiefe gibt, dass es ein unergründliches Geheimnis Gottes und des Menschen gibt.«

Übung

Schaue in deine Kindheit. Was fällt dir da an Situationen ein, in denen du dich vergessen konntest, in denen du ganz im Einklang warst mit dir selbst und ohne zu ermüden spielen oder dich mit etwas beschäftigen konntest?

Überlege, wie du darin deine Lebensspur entdecken kannst. Du kannst diese Spur allem einprägen, was du tust: deinen Beziehungen zu deiner Familie und zu deinen Freunden, deiner Arbeit, deinem Engagement für andere, deiner Spiritualität.

Dann erinnere dich an Situationen, in denen du dich verletzt fühltest, verlassen, nicht ernst genommen, lächerlich gemacht, ungerecht bestraft. Welche Stärken hast du aufgrund dieser Wunden, die du in deiner Kindheit bekommen hast? Wie kannst du deine Wunden in Perlen verwandeln? Welche Fähigkeiten hast du gerade durch die verletzenden Erfahrungen in dir entfaltet? Welche Menschen kannst du aufgrund deiner eigenen Lebensgeschichte besonders gut verstehen? Welche Menschen gehen auf dich zu und wählen dich als Ratgeber? Was geht von dir aus, dass verletzte Menschen Vertrauen zu dir finden?

Und DAS soll ich glauben?
Von Kirche, Gott und all dem anderen

Auf einer schwierigen Bergtour fiel ein Atheist über den Rand eines Abgrunds und konnte sich gerade noch an einem dürren Bäumchen festhalten, das er im Fallen zu fassen bekommen hatte. Dort hing er nun zwischen Himmel und Erde und er war sich durchaus bewusst, dass er sich nicht mehr ewig dort würde halten können.

Da hatte er eine Idee: »He, Gott!«, schrie er. Schweigen war die Antwort. »He, Gott«, rief er noch einmal, »wenn es dich wirklich gibt, dann komm jetzt und rette mich! Wenn du das tust, werde ich an dich glauben und anderen von dir erzählen, sodass auch sie an dich glauben!«

Zunächst herrschte wieder Schweigen. Dann donnerte eine Stimme durchs Tal: »Das sagen sie alle, wenn sie in einer so blöden Situation sind wie du jetzt!« Der Atheist hätte vor Schreck fast den Ast losgelassen.

»Nein, nein, ich bin nicht wie die anderen«, beeilte er sich zu antworten, »ich höre ja deine Stimme, also habe ich schon angefangen, an dich zu glauben, Gott! Jetzt musst du mich nur noch retten und dann werde ich dein Lob in der ganzen Welt verkünden!«

»Na gut«, antwortete die Stimme, »ich rette dich. Lass den Zweig los.«

»Den Zweig loslassen???«, schrie der Atheist. »Hältst du mich für verrückt?«

So viele Fragen …

Im Gespräch mit jungen Menschen frage ich sie oft: »Was erhofft ihr vom Glauben?« Und dann staune ich, dass sie den Glauben positiv sehen und sich danach sehnen, im Glauben Halt zu finden. Sie spüren, dass sie in der Vielfalt der Meinungen etwas brauchen, auf das sie sich verlassen können. Sie suchen etwas, das ihnen Vertrauen ins Leben schenkt. Und sie hoffen, dass sie durch den Glauben einen Sinn im Leben finden.

Ein anderes Thema sprechen junge Menschen mir gegenüber auch oft an: die Angst vor dem Tod. Dabei denken sie sowohl an den eigenen Tod als auch an das Sterben, das sie selbst miterlebt haben: das Sterben von jungen Freunden und den Tod ihrer Großeltern. Sie fragen sich, was der Sinn des Lebens ist, wenn wir doch alle sterben müssen. Sie erhoffen sich vom Glauben, dass er ihnen die Angst vor dem Tod nimmt und ihnen vermittelt, dass sie im Leben und Sterben in Gottes guter Hand sind.

Eine andere Erfahrung ist ihnen zudem wichtig: Der Glaube führt sie zur Gemeinschaft. Auch wenn sie das in ihren Pfarrgemeinden kaum erleben, so sind für sie doch Erfahrungen wie bei den Weltjugend- oder den Katholikentagen oder bei anderen Jugendtreffen von großer Bedeutung. Sie fühlen sich dort von anderen getragen. Sie spüren eine Gemeinschaft mit vielen anderen jungen Menschen. Was sie vor allem fasziniert, ist das Zusammensein mit Jugendlichen aus anderen Ländern. Dann spüren sie, dass alle Menschen auf der ganzen Welt gemeinsam auf dem Weg des Glaubens sind. Weil sie sich mit den fremden Menschen dort verbunden fühlen, löst sich die Angst auf, die sie manchmal vor anderen haben. Dann gibt es keine Feindschaft mehr, sondern ein tiefes Zusammengehörigkeitsgefühl. Junge Menschen erzählen mir, dass sie auf Treffen wie den Weltjugendtagen erfahren, dass der Glaube Menschen füreinander öffnet und miteinander verbindet.

Auf die Frage, was sie von der Kirche erwarten, bekomme ich oft keine Antwort. Offensichtlich ist die Kirche für viele nicht mehr wichtig. Wenn überhaupt erwarten sie von einzelnen Priestern und Seelsorgern oder Seelsorgerinnen Hilfe auf ihrem Lebensweg. Sie brauchen Offenheit für ihre Probleme und hoffen, dass sie in Not oder bei wichtigen Fragen Seelsorger oder Seelsorgerinnen finden, die sie begleiten und stützen.

Ich möchte versuchen, auf all diese Anliegen vom Glauben her zu antworten. Vielleicht können meine Antwortversuche eine Hilfe sein, in der Familie oder mit Freunden über den Glauben zu sprechen. Es geht mir nicht darum, euch als jungen Menschen etwas »überzustülpen«, was ihr einfach zu glauben habt. Vielmehr möchte ich euch unterstützen, den Glauben als Hilfe für eure eigene Identität zu entdecken, als Weg, innerlich frei zu werden, und als Möglichkeit, der Sehnsucht nach gelingenden Beziehungen nachzugehen.

Fange bei mir an

Herr,
erwecke deine Kirche
und fange bei mir an;

baue deine Gemeinde
und fange bei mir an;

lass Frieden und Gotteserkenntnis
überall auf Erden kommen
und fange bei mir an;

bringe deine Liebe und Wahrheit
zu allen Menschen
und fange bei mir an.

Nach dem Gebet eines chinesischen Christen

Was bringt mir das: glauben?

Vielleicht hast du Probleme damit, das, was die Kirche dir als Glaube vorlegt, zu verstehen. Du zweifelst, ob das alles stimmt. Woher nimmt die Kirche das Recht, Dogmen aufzustellen, die wir dann glauben sollen? Was soll ich mit dieser fremden Sprache anfangen, fragst du dich vielleicht. Sie geht an meinem Leben vorbei, ist das, was du fühlst. Ich will versuchen, dir den Glauben so zu erklären, dass du spürst: Es geht um dein Leben. Denn ganz gleich, ob ich glaube oder nicht glaube, auf jeden Fall habe ich ganz bestimmte Bilder vom Leben. Ich deute mein Leben. Die Frage ist, ob die Deutung meines Lebens stimmt und ob sie mir guttut. Der Glaube will mir helfen, mein Leben so zu deuten und zu verstehen, dass es mir guttut, dass ich zu meinem wahren Wesen finde und in Freiheit und Frieden mein Leben lebe.

Vielleicht wirst du von deinen Freunden angegriffen, weil du glaubst. Sie sagen dir: Ich glaube nur an das, was ich sehe. Gott sehe ich nicht. Das, was die Kirche sagt, das klingt so fremd. Das hat mit meiner Wirklichkeit nichts zu tun. Und vielleicht weißt du oft nicht, wie du begründen kannst, dass du glaubst. Du findest nicht die richtigen Worte, auf die Zweifel und Fragen und Vorwürfe deiner Freunde zu antworten. Du brauchst deinen Glauben auch gar nicht groß zu begründen. Du kannst die Freunde fragen: Und woher wisst ihr, dass es keinen Gott gibt? Woher wisst ihr, dass der Glaube sinnlos ist? Wer Gott leugnet, der bekennt damit schon, dass es das Wort Gott gibt und dass das Wort Gott ihn nicht in Ruhe lässt. Man kann sagen: Wenn es Gott nicht gäbe, gäbe es auch keine Atheisten. Denn der Atheist kreist ja ständig um die Frage nach Gott. Wenn es Gott nicht gäbe, würde er auch nicht danach fragen.

Das Leben deuten

Eine andere Frage kannst du deinen zweifelnden Freunden stellen: Woher nimmst du das Recht, dein Leben so zu deuten, wie du es jetzt tust? Du sagst: Ich glaube nur, was ich sehe. Doch wenn du morgens aufstehst, hast du schon eine Deutung für den kommenden Tag in dir. Du deutest die Schule als sinnlos. Du deutest die Arbeit als mühevoll und langweilig. Das sind Deutungen, die sich unabhängig von der Schule oder der Arbeit in deinem Kopf bilden. Es gibt kein Leben ohne Deutung. Auch wenn du nicht an Gott glaubst, deutest du dein Leben. Der Glaube ist meine Deutung der Wirklichkeit. Und ich spüre, dass diese Deutung meiner Seele entspricht und ihr guttut. Ich traue der Weisheit meiner Seele. Tief in meinem Innern weiß ich: Ja, alles hat einen Sinn. Gott ist die eigentliche Wirklichkeit, die größer ist als ich selbst. Gott trägt mich. Ich bin nicht allein mit meinen Fragen in dieser Welt. Ich kann mich mit meinen Fragen nicht nur an Menschen wenden, sondern auch an Gott, der der Grund allen Seins ist. Auch wenn Gott mir keine Antworten gibt, die ich mit meinen Ohren hören kann, so steigt in mir doch eine Ahnung auf, dass Gott selbst die Antwort auf meine Fragen ist.

Der Glaube deutet die Welt und mein Leben in einer ganz bestimmten Weise. Jesus selbst deutet in den Gleichnissen unser Leben. In den Gleichnissen gibt es immer einen Punkt, der uns ärgert, der uns provoziert. Dort, wo das Wort Jesu Ärger in uns hervorruft, dort will Jesus uns sagen: Du siehst dein Leben verkehrt. Du siehst dich selbst nicht richtig. Und du hast ein falsches Bild von Gott. Wenn wir falsche Bilder von uns selbst, vom Leben und von Gott haben, werden wir auch nicht gut leben können. Falsche Deutungen führen in die Sinnlosigkeit, Leere und oft genug auch in die Angst oder in die Depression, die ja oft Ausdruck von Sinnlosigkeit und Leere ist.

Den Glauben deuten

Genauso wie Jesus uns das Leben so deutet, dass es sich lohnt zu leben, so ist es auch mit den Dogmen der Kirche. Die Kirche stellt nicht einfach willkürlich Dogmen auf. Sie will nur das, was uns die Bibel erzählt, für die Menschen wachhalten. Die Dogmen sind aus Gesprächen der Kirche mit der Philosophie

Wo finde ich Gott?

Worauf schaue ich?
Wohin gehen meine Blicke?
Was zieht meine Augen an?
Alles, was schön ist und Erfolg hat.
Alles, was gute Leistungen bringt
und Besitz hat.

Wo aber suche ich meinen Gott?
Habe ich ihn schon einmal im Gesicht
eines leidenden Menschen entdeckt?
Habe ich ihn schon im Gesicht
eines hilflosen Kindes gefunden?
Habe ich ihn schon im Gesicht
eines bettlägerigen Kranken erblickt?

»Erfolg ist kein Name für Gott«,
sagte einmal der Philosoph Martin Buber.
Meist finde ich Gott dort nicht,
wo meine Blicke hingehen.
Im Kleinen entdecke ich ihn.
Im Schwachen finde ich ihn.
In Ohnmacht und Armut
erblicke ich ihn.

Vielleicht muss ich meine Blickrichtung verändern.
Vielleicht muss ich neu sehen lernen.
Vielleicht muss ich woanders Ausschau halten.

In den Gesichtern der Menschen.

Jonathan Düring

und Psychologie der jeweiligen Zeit entstanden. Die Dogmen wollen nicht einfach etwas festlegen und dir sagen: »Du musst das so glauben. So sagt es die Kirche.« Sie wollen vielmehr auch dich herausfordern, nachzudenken: Wie kann ich das verstehen? Wie kann diese Aussage mir helfen, mein Leben bewusster zu leben?

Zugleich aber kannst du bei all diesen dogmatischen Aussagen auch die Frage stellen: Welche Erfahrung steckt dahinter? Wie kommen Menschen auf die Idee, solche Worte und Sätze zu formulieren? Wie sehen sie das Geheimnis des Menschen? Wie sehen sie Gott? Wie verstehen sie den Sinn des Lebens? Die frühe Kirche hat ja leidenschaftlich darum gestritten, die richtigen Formulierungen für das Geheimnis Jesu Christi und für das Geheimnis der Erlösung zu finden. Woher kommt solche Leidenschaft? Offensichtlich haben die Menschen damals verstanden, dass von der richtigen Deutung auch das Gelingen unseres Lebens abhängt. Es geht in den dogmatischen Formulierungen letztlich immer um den Menschen und unsere Beziehung zu Gott. Wenn wir die richtig deuten, können wir unserem Wesen entsprechend leben.

Vielleicht helfen dir meine Gedanken nicht, über deine Zweifel am Glauben hinwegzukommen. Lass die Zweifel einfach zu. Du musst dich nicht zwingen zu glauben. Aber vielleicht helfen dir folgende Übungen, die ich dir vorschlage: Setze dich an einen schönen und ruhigen Ort inmitten der Natur. Schaue um dich und frage dich: Was sehe ich eigentlich, wenn ich in die wunderbare Landschaft schaue? Ist es nur die Landschaft, die ich beschreiben kann? Oder strahlt in ihr etwas von einer Schönheit auf, die letztlich die Schönheit Gottes widerspiegelt? Betrachte eine schöne Blume und vertiefe dich in den Anblick dieser Blume. Was siehst du da? Ist es nur die Blume, die die Biologie mit ihren Begriffen beschreibt? Oder siehst du da nicht etwas, was darüber hinausgeht?

Vielleicht ist die Musik für dich ein guter Zugang zu Gott. Dann hör deine Lieblingsmusik. Schließ die Augen und lass die Musik in deinen ganzen Leib eindringen. Hör nicht nur mit den Ohren, sondern mit allem, was du bist. Was hörst du da? Sind es nur schöne Töne, die deine Nerven beruhigen? Oder hörst du in der Musik nicht das Unhörbare mit? Öffnet die Musik dir nicht ein Fenster zum Himmel?

Wer war noch mal gleich dieser Jesus?

Von einem ganz besonderen Menschen und was das mit deinem Leben zu tun hat

Einem hinduistischen Weisen las einmal ein christlicher Schüler das Leben Jesu aus der Bibel vor. Als er hörte, dass die Menschen in Nazaret Jesus abgelehnt und verspottet hatten, sagte er: »Ein Prophet, der in seiner Heimat nicht aus der Stadt gejagt wird, ist kein Prophet.«

Der Schüler las weiter. Als der Weise dann erfuhr, dass die Priester es waren, die Jesus zum Tod verurteilt hatten, sagte er mit einem Seufzer: »Für den Teufel ist es zu schwierig, die ganze Welt in die Irre zu führen und zu verwirren, also gibt er prominenten Geistlichen überall auf der Welt diesen Auftrag.«

Wer war Jesus?

Dass es ein höheres Wesen gibt, das über der Welt steht, glauben heute viele junge Menschen. Doch dass Gott so konkret wird, dass er in Jesus Christus Mensch geworden ist, damit tun sie sich schwer. Sie sind vielleicht fasziniert von der Art und Weise, wie Jesus gelebt und wie er gestorben ist. Aber dass sich in ihm Gott selbst offenbart und sich uns mitteilt, damit haben sie Schwierigkeiten. Es ist legitim, dass wir Jesus zuerst einmal als Mensch sehen, in seiner geschichtlichen Verankerung im damaligen Judentum. Er ist als Kind geboren worden, wurde von seinen Eltern erzogen, hat einen Beruf gelernt und ist dann irgendwann von zu Hause ausgezogen, weil er sich zu etwas anderem berufen fühlte. Er hat von Gott gesprochen. Und die Leute waren fasziniert, weil er anders von Gott gesprochen hat als die frommen Prediger seiner Zeit. Die Menschen sagten damals: »Er predigt mit Vollmacht, mit Kraft.« Sie spürten in dem, was er von Gott sagte, dass es stimmte und dass Gott selbst in den Worten erfahrbar wurde. Wenn Jesus von Gott gesprochen hat, war Gott gegenwärtig und wirksam, so wirksam, dass manche, die eine andere Gottesvorstellung hatten, aufschrien. Sie spürten, dass sie nicht weiter so von Gott denken konnten, wie sie es taten. Sie konnten Gott nicht länger als ihren Besitz betrachten. Das Markusevangelium nennt solche Gottesbilder dämonisch. Wenn Jesus richtig von Gott spricht, dann weichen die Dämonen aus den Köpfen der Menschen, die Gott für sich vereinnahmen wollten.

Jesus, der Therapeut

Dieser Jesus hat kranke Menschen geheilt. Heute sind Therapeuten fasziniert von der Weisheit, mit der Jesus auf kranke Menschen zugegangen ist. Er hat sofort erkannt, was ihr Problem ist, und hat den Finger auf oder in ihre Wunde gelegt. Er hat ihnen ihre Krankheit nicht einfach weggezaubert, sondern ist ihnen in ihrer Krankheit begegnet. In der Begegnung mit Jesus wurden die Menschen heil und gesund. Da erkannten sie, was hinter ihrer körperlichen Krankheit wirklich steckte. Sie haben sich Jesus anvertraut, sie haben ihm ihre Wahrheit hingehalten und sich von ihm berühren lassen. Das hat sie geheilt. Jesus ging sehr zärtlich mit den Menschen um. Er nahm sie oft mit, um etwas abseits von der Menge mit ihnen zu reden und so Vertrauen aufzubauen. Doch manchmal ist Jesus auch ganz anders mit ihnen umgegangen. Vor allem dann, wenn Menschen sich hinter ihrer Krankheit versteckt oder sich mit ihr eingerichtet hatten, forderte er sie heraus, einfach aufzustehen, ihr Bett zu nehmen und ihren Weg zu gehen. Jesus lockt ihre eigene Kraft in den Menschen hervor. Und er nimmt ihnen die Illusion, dass nur die anderen schuld seien an ihrer Krankheit oder an ihren Problemen.

Jesus heilt auch die Beziehungen zwischen Vater und Sohn, Vater und Tochter, zwischen Mutter und Tochter und Mutter und Sohn. Man könnte sagen, Jesus war der erste Familientherapeut. Er erzeugt in den Menschen keine Schuldgefühle. Er sieht einfach die Verwicklungen zwischen den Eltern und ihren Kindern und löst sie auf. Er verwandelt den Vater und die Mutter und dann den Sohn und die Tochter. Es ist höchst spannend zu sehen, wie Jesus die Beziehungen zwischen den Kindern und ihren Eltern heilt, wie er sowohl den Kindern als auch den Eltern Mut macht, ihr eigenes Leben so zu leben, dass auch die anderen gut leben können.

Das Wirken Jesu rief Widerstand hervor, vor allem bei den Sadduzäern, den jüdischen Priestern, die von der Tempelsteuer und von den Opfereinnahmen des Tempels lebten und sich mit den Römern, den Besatzern im Land, arrangiert hatten. Damals gab es in Israel vier verschiedene Gruppierungen: die römerfreundlichen und reichen Sadduzäer, die den Tempelkult beherrschten. Dann die frommen Pharisäer, die in den Synagogen gepredigt haben. Sie versuchten, die Gebote in den Alltag hinein zu übersetzen und zu konkretisieren. Viele von ihnen waren mit Jesus befreundet. Doch er war auch oft anderer Meinung als sie, denn sie legten oft die Gesetze sehr streng aus und glaubten, dass man sich der Gnade Gottes sicher sein konnte, wenn man nur die Gesetze einhielt. Das sah Jesus anders.

Die dritte Gruppe waren die sogenannten Essener, fromme Menschen, die sich in kleinen Gruppen zusammenschlossen. Sie wollten mit dem Tempel und dem offiziellen Judentum nichts zu tun haben. Sie waren sehr freundlich und herzlich zueinander und sie beschäftigten sich intensiv mit der Bibel. Aber sie waren sehr rigoros gegenüber Mitgliedern, die ihre Gesetze übertreten hatten. Die wurden dann unbarmherzig aus ihrer Gemeinschaft ausgeschlossen. Viele der frühen Christen kamen aus dem Kreis der Essener. Jesus hat vieles von ihnen übernommen. Doch die Unbarmherzigkeit, mit der sie andere ausgeschlossen haben, hat er verurteilt. Von seinen Jüngern verlangte er mehr Verständnis und Barmherzigkeit füreinander. Als vierte Gruppe gab es noch die Zeloten, die mit Gewalt gegen die Römer gekämpft haben und sich von ihnen nicht beherrschen lassen wollten. Mindestens zwei der Jünger Jesu stammten aus dem Kreis der Zeloten. Von ihrem gewaltsamen Kampf hat Jesus sich auch abgesetzt und dagegen Versöhnung gepredigt.

Bewusst in den Tod – und zurück ins Leben

Irgendwann spürte Jesus, dass er gewaltsam sterben würde, wenn er weiter so predigte, wie er das tat. Die Sadduzäer würden ihn an die Römer ausliefern. Seine Tätigkeit war den Römern, die das Land Judäa besetzt hielten, nicht verborgen geblieben. Jesus

Erfolg – Misserfolg

Jubelnde und überglückliche Menschen
auf der einen Seite –
traurige, enttäuschte, weinende Menschen
auf der anderen.
Gewinner und Verlierer, Sieger und Besiegte,
Menschen, die eine Arbeitsstelle gefunden,
andere, die ihren Job gerade verloren haben,
Hochzeitspaare und Menschen, denen der Schmerz
über die Trennung ins Gesicht geschrieben steht.
Ein strahlender Schüler mit einem guten Zeugnis,
aber auch ein furchtbar enttäuschter
mit schlechten Noten.
Preise und Prämien hier
und »Klassenziel nicht erreicht« dort.
Freude und Leid, Erfolg und Misserfolg
so eng beieinander.

Jesus, guter Gott,
Du selbst hast Jubel und Demütigung gespürt,
Du kennst Erfolg und Misserfolg,
Hosanna und »Ans Kreuz mit ihm«.
Gib uns die Fähigkeit und das Gespür,
uns über Erfolge zu freuen,
ohne uns selbst auf den Sockel zu stellen.
Schenke uns ein weites Herz,
um auch andere an unseren Erfolgen
teilhaben zu lassen.
Richte uns aber auch auf, wenn wir
mit Misserfolgen fertigwerden müssen.
Gib uns auch nach Niederlagen und Enttäuschung
immer wieder Mut, neue Wege zu gehen.

Hubert Hering

hätte sich auch zurückziehen und sich durch eine Flucht in Sicherheit bringen können. Doch er hat zu seinen Jüngern und zu seiner Botschaft gestanden. Mit seinem Tod besiegelte er seine Botschaft von Gewaltlosigkeit und Versöhnung. Und er zeigt, dass er seine Liebe, die er den Jüngern erwiesen hat, bis zuletzt durchhält. Er selbst versteht seinen Tod am Kreuz als den Gipfel seiner Liebe: »Es gibt keine größere Liebe, als wenn jemand sein Leben hingibt für seine Freunde.« (Johannes 15,13) Es ist also letztlich die Liebe zu seinen Freunden, die ihn ans Kreuz bringt. Doch, so sagen uns die Evangelien, er ist nicht im Tod geblieben. Er ist auferstanden. Die Jünger haben ihn nach seinem Tod gesehen. Sie sind ihm begegnet. Er hat sie angesprochen. So spürten sie, dass sein Tod kein Scheitern war, sondern dass Jesus von Gott bestätigt worden ist, dass er letztlich den Tod überwunden hat und nun bei Gott ist und weiter wirkt für die Menschen.

Wie wir das Geheimnis der Auferstehung letztlich verstehen sollen, das bleibt immer ein Geheimnis. Die Auferstehung Jesu zeigt, dass er nicht im Tod geblieben ist, sondern dass er nun bei Gott ist. Und zugleich ist die Auferstehung Jesu eine Garantie für unsere eigene Auferstehung. Auch wir werden im Tod nicht ins Leere hinein sterben. Vielmehr werden wir von Gott aufgenommen. Wir werden mit Christus auferstehen und als Person immer bei ihm sein. Wir werden nicht aus der Liebe Gottes herausfallen, so wie auch Jesus nicht aus der Liebe des Vaters herausgefallen ist.

Auferstehung bedeutet jedoch auch noch etwas anderes: Wir dürfen hier in dieser Welt immer wieder aufstehen, wenn wir gefallen sind, wenn alles hoffnungslos geworden ist, wenn wir gescheitert sind. Wir dürfen aufstehen aus dem Grab unserer Angst und unserer Resignation, aus dem Grab unserer Dunkelheit und Verzweiflung. Es gibt kein Grab, in das nicht das Leben des Auferstandenen, Jesus, hineinreicht, um uns an der Hand zu nehmen und uns aufzurichten. Auferstehung heißt, immer wieder aufstehen gegen alles, was in unserer Welt das Leben behindert. Einen Aufstand wagen gegen Strukturen unserer Gesellschaft, die den Menschen und ihrem Leben nicht gerecht werden.

Was heißt das: Gottes Sohn?

Das ist die eine Ebene, die geschichtliche Ebene, die viele junge Menschen durchaus nachvollziehen können. Mit einer anderen Ebene aber tun sie sich schwer: Unser Glaube sagt, dass Jesus Christus Gottes Sohn war. Wie sollen wir das verstehen? Zunächst ist es gut, in Jesus den Menschen zu sehen, der eine intensive Beziehung zu Gott hatte, der von Gott ganz und gar erfüllt war. Aber schon in der Bibel begegnen wir einer anderen Deutung. In Jesus ist Gott selbst zu uns herabgestiegen und hat uns Menschen besucht, wie es im Lukasevangelium heißt. Und das Johannesevangelium drückt es noch anders aus: »Gott hat die Welt so sehr geliebt, dass er seinen einzigen Sohn gab, damit jeder, der an ihn glaubt, nicht zugrunde geht, sondern das ewige Leben hat.« (Johannes 3,16) Gott hat uns in Jesus seinen eigenen Sohn geschenkt, das Liebste, das er hat. Er hat sich gleichsam selbst in seinem Sohn geschenkt. Er hat sich in ihm auf menschliche Weise unter uns ausgedrückt. Er ist uns sichtbar erschienen.

Es bleibt immer ein Geheimnis, wie wir die Menschwerdung Gottes in Jesus Christus verstehen können. Und alle theologischen Versuche vermögen keine letzte Klarheit in dieses Geheimnis zu bringen. Wie wir es verstehen sollen, das bleibt Sache jedes Einzelnen. Auch hier lehrt uns die Kirche nicht irgendetwas Absurdes. Vielmehr will sie uns durch das Dogma, dass sich in Jesus die göttliche und menschliche Natur miteinander verbunden haben, das Geheimnis offen halten. Es bleibt letztlich ein unergründliches Geheimnis. Und dieses Geheimnis zu wahren, tut uns selbst gut. Denn so bleibt Jesus ein dauernder Anspruch an uns. In ihm wird Gott für uns sichtbar. Gott taucht in Jesus in unsere Geschichte ein. Auf seinem Gesicht können wir das Geheimnis Gottes erkennen. Jesus selbst sagt von sich: »Wer mich gesehen hat, hat den Vater gesehen.« (Johannes 14,9) Im Blick auf Jesus geht uns auf, wer Gott für uns ist.

Das Kreuz

Das Kreuz ist die Hoffnung der Christen.
Das Kreuz ist die Auferstehung von den Toten.
Das Kreuz ist der Weg für die Verirrten.
Das Kreuz ist die Rettung für die Verlorenen.
Das Kreuz ist der Stab für die Lahmen.
Das Kreuz ist der Führer der Blinden.
Das Kreuz ist die Stärke für die Schwachen.
Das Kreuz ist der Arzt für die Kranken.
Das Kreuz ist das Ziel der Priester.
Das Kreuz ist die Hoffnung der Hoffnungslosen.
Das Kreuz ist die Freiheit für die Sklaven.
Das Kreuz ist das Wasser für den Samen.
Das Kreuz ist der Trost für die Leibeigenen.
Das Kreuz ist die Quelle für die, die Wasser suchen.
Das Kreuz ist der Mantel für die Nackten.
Wir danken dir, Vater, für das Kreuz.

Afrikanisches Lied aus dem 10. Jahrhundert

Die Botschaft Jesu

Jesus ist auf der einen Seite ein Lehrer der Weisheit. Er lehrt uns den Weg, wie das Leben gelingt. Jesus hat seine Jünger ausgesandt, in die ganze Welt zu ziehen und allen Menschen diese frohe Botschaft zu verkünden. Das heißt aber nicht, dass er vermitteln möchte, andere Religionen seien völlig verkehrt. Stattdessen möchte Jesus die Weisheit aller Völker und Religionen vereinen. Dabei greift er die Erfahrungen der anderen auf. Das meint auch das Wort »katholisch«, was übersetzt so viel wie »allumfassend« heißt. Alles, was Menschen jemals gedacht und ersehnt haben, wird hineingenommen in den Glauben an Gott.

Ein anderer Aspekt ist für viele schwerer zu verstehen: Jesus Christus ist auch unser Erlöser. Die Frage ist, wie wir die Erlösung verstehen sollen. Da gibt es leider viele volkstümliche Ansichten, die der Lehre der Bibel widersprechen. Jesus ist nicht in dem Sinn unser Erlöser, dass er unsere Schuld vor Gott abzahlen musste. Das wäre ja ein grausamer Gott, der den Tod seines Sohnes nötig hat, um uns zu vergeben. Manche meinen auch, Gott strafe jeden, der sündigt. Doch nun hat er Jesus diese Strafe auferlegt, damit wir sozusagen straffrei bleiben. Das aber entspricht nicht dem Gottesbild, das uns Jesus verkündet hat. Die Erlösung, so wie die Bibel sie sieht, bedeutet etwas anderes.

Die Erlösung durch Jesus wird in der Bibel in vielen Bildern ausgemalt. Jesus ist der, der uns bis zur Vollendung geliebt hat. Das Kreuz bedeutet für den Evangelisten Johannes, dass alle Gegensätze in uns von der Liebe Jesu durchdrungen und alle Abgründe unserer Seele von seinem Licht der Liebe erhellt und geheilt werden. Erlösung heißt hier, dass Menschen, die sich selbst nicht annehmen können, fähig werden, Ja zu sich zu sagen in ihrer eigenen Gegensätzlichkeit. Die Bibel spricht davon, dass Jesus für uns gestorben ist, oder auch, dass er für uns Sünder gestorben ist. Viele erleben sich als wertlos. Gerade wenn sie sich schuldig fühlen, haben sie den Eindruck, dass keiner sie zu lieben vermag. Dass Jesus auch für mich gestorben ist, bedeutet, dass ich wertvoll bin, so wertvoll, dass er für mich sein Leben aufs Spiel gesetzt hat. Auf dieser Hingabe kann ich mein eigenes Lebenshaus aufbauen. Sie ist ein fester Grund, der mir Halt gibt gegen alle Erfahrungen von Ablehnung und Versagen, die mich immer wieder verunsichern.

Muss Jesus auch mich erlösen?

Normalerweise verbinden wir die Erlösung mit dem Gedanken, dass wir von unserer Schuld erlöst wurden. Wie sollen wir das verstehen? Dass wir schuldig werden, ist durchaus eine Erfahrung, die wir immer wieder machen. Wir leben nicht so, wie wir uns das selbst vorgestellt haben. Wir erfüllen unsere eigenen

Ideale nicht. Wir leben an uns selbst vorbei. Oder wir werden an einem anderen Menschen schuldig. Dann fühlen wir uns ausgeschlossen. Wir haben den Eindruck, dass uns niemand mehr annimmt. So isolieren wir uns innerlich. Der Blick auf Jesus, der am Kreuz selbst seinen Mördern noch vergibt, stärkt mein Vertrauen, dass es auch in mir nichts gibt, was Christus nicht annimmt. Theologisch ausgedrückt können wir sagen: Das Kreuz vermittelt uns die vergebende Liebe Gottes. Denn am Kreuz wird sie am klarsten sichtbar. In einer Welt voller Hass, Feigheit und mörderischer Gewalt siegt die Liebe über den Hass und auch über die Sünde des Menschen.

Aber das Kreuz bewirkt nicht die Vergebung. Gott vergibt, weil er Gott ist, und nicht, weil sein Sohn am Kreuz gestorben ist. Gott hat den Tod seines Sohnes nicht nötig, um vergeben zu können. Doch die vergebende Liebe Gottes zeigt sich für uns am deutlichsten am Kreuz, an dem die vergebende Liebe Jesu stärker ist als der Hass seiner Mörder. So ist das Kreuz für uns die Möglichkeit, an die vergebende Liebe Gottes glauben zu können und uns trotz unserer Schuld angenommen zu fühlen.

Jesus war kein Zauberer

Die Erlösung durch Jesus dürfen wir nicht magisch missverstehen. Die Menschen, die Jesus damals begegnet sind, haben seine heilende und befreiende Wirkung erfahren. Jesus hat sie geheilt, wenn sie krank waren. Er hat sie befreit, wenn sie von Dämonen, von inneren Zwängen bestimmt waren. Er hat sie aufgerichtet, wenn sie sich selbst aufgegeben haben. Diese heilende und befreiende und erlösende Wirkung dürfen wir heute erfahren, wenn wir Jesus im Gebet, in der Meditation der Bibel oder in der Eucharistie begegnen. Aber die Erlösung geschieht an uns nur, wenn wir den Geist Jesu in uns eindringen lassen. Dann erfahren wir, dass sein Geist ein heilender, erlösender, befreiender Geist ist. Erlösung heißt, dass wir nicht alles selbst machen müssen. Jesus zeigt nicht einfach einen Weg, wie wir uns von unserer Schuld, von unseren Krankheiten befreien können. Die Heilung geschieht vielmehr in der Begegnung. Von der Psychotherapie her können wir das heute gut verstehen. Der Therapeut bietet nicht einfach Tricks an, wie wir gesund werden können. In der Begegnung mit ihm geschieht Heilung, indem wir ihm unsere Wunden offenlegen. So geschieht die Heilung auch in der Begegnung mit Jesus, in der wir ihm unsere Wahrheit hinhalten, unsere Dunkelheit, unsere Krankheit, unsere inneren Zwänge, unsere Schuld.

Um das Geheimnis Jesu und seiner erlösenden Liebe nicht nur zu verstehen, sondern auch zu erfahren, empfehle ich dir folgende Übungen: Wenn du das Gefühl hast, dass du Gott nicht erfährst und ihn nicht spürst, nimm die Bibel zur Hand und lies in den Evangelien, wie Jesus von Gott gesprochen und wie er Kranke geheilt hat. In diesen Geschichten begegnet dir der Mensch Jesus. Und dann stelle dir vor: In diesem Menschen begegnet mir Gott selbst. Vielleicht geht dir dann etwas auf von dem Geheimnis, dass Jesus Sohn Gottes ist, dass in ihm Gott für uns konkret aufleuchtet, dass Gott ein Du ist, der uns im Du dieses Jesus von Nazaret anspricht und begegnet. Bei aller Unklarheit über Gott wirst du im Blick auf Jesus Gottes Nähe auf neue Weise spüren.

Ich kenne viele junge Menschen, die hin und her schwanken zwischen dem Bild eines strengen und strafenden und dem eines lieben Gottes, der aber manchmal allzu harmlos erscheint. Damit dein Gottesbild sich klärt, lies gerade die provozierenden und manchmal paradoxen Worte Jesu. Das geht nicht, indem du dich im Schaukelstuhl zurücklehnst und dir vorstellst, dass diese Worte ganz nett sind. Jesus provoziert. Ihm kannst du nur begegnen, wenn du bereit bist, dich von ihm verwandeln zu lassen. An Jesus konnte damals keiner vorbeigehen. Er ist auch heute eine Herausforderung für alle Menschen, die sich mit ihm beschäftigen. Man kann Jesus nicht für sich vereinnahmen. Wenn du dich auf seine Worte einlässt, dann entrinnst du der Gefahr, Gott als harmlosen lieben Gott zu sehen oder Angst vor dem strafenden Gott zu haben. Du spürst, dass Gott dich herausfordert. Aber Gott will dich in Jesus immer zum Leben bringen. Er möchte, dass du die Augen öffnest und das Geheimnis seiner Liebe verstehst, die zugleich fördernd und fordernd ist, faszinierend und zugleich erschreckend.

Wenn du an Verletzungen und Kränkungen leidest, dann meditiere die Heilungsgeschichten der Evangelien. Stelle dir vor, dass du nun deine Wunden, deine Hemmungen, deine innere Blindheit, dein Verstummtsein, dein Gefühl von Abgelehnt- und Ausgeschlossensein, dein Gefühl von Minderwertigkeit und Selbstablehnung Jesus hinhältst. Er schaut dich liebevoll an. Er legt seine zärtliche Hand auf deine Wunden und lässt seine heilende Kraft in sie einströmen. Vielleicht kannst du dann erahnen, dass jetzt in diesem Augenblick Heilung an dir und in dir geschieht. Du musst dich nicht selbst heilen. Du lässt Jesu heilende Kraft in dich einströmen. Das richtet dich auf und heilt deine Wunden.

Was ich dich schon immer mal fragen wollte, Gott ...
FAQ

Es war einmal ein kleiner Junge, der wollte unbedingt Gott treffen. Er war sich sicher, dass der Weg zu dem Ort, an dem Gott lebte, sehr lang war. Also packte er seinen Rucksack voll mit einigen Dosen Limo und ein paar Schokoriegeln und ging los.

Er lief eine ganze Zeit. Dann kam er in einen kleinen Park und sah dort eine alte Frau, die auf einer Bank saß. Sie schaute den Tauben dabei zu, die vor ihren Füßen nach Futter pickten. Der kleine Junge setzte sich zu ihr auf die Bank und öffnete seinen Rucksack. Er wollte gerade eine Limo daraus hervorkramen, als er den hungrigen Blick der alten Frau sah. Also nahm er stattdessen einen Schokoriegel heraus und gab ihn ihr. Dankbar nahm sie den Riegel und lächelte ihn an. Es war ein wundervolles Lächeln! Der kleine Junge wollte dieses Lächeln noch einmal sehen und bot ihr auch eine Limo an. Die alte Frau nahm an und lächelte wieder – noch strahlender als vorher. Der kleine Junge war selig.

Die beiden saßen den ganzen Nachmittag auf der Bank im Park, aßen Schokoriegel und tranken Limo. Aber sie sprachen kein Wort.

Als es dunkel wurde, wurde dem Jungen auf einmal bewusst, wie müde er war, und er beschloss, zurück nach Hause zu gehen. Er stand auf und lief los, aber nach ein paar Schritten hielt er an und drehte sich um. Dann ging er zurück zu der Frau und umarmte sie. Die alte Frau schenkte ihm dafür ihr allerschönstes Lächeln.

Seine Mutter sah den Jungen schon von Weitem kommen. Er strahlte über das ganze Gesicht. Sie fragte ihn: »Was hast du denn heute Schönes gemacht, dass du so fröhlich aussiehst?« Der kleine Junge antwortete: »Ich habe mit Gott zu Mittag gegessen – und sie hat ein wundervolles Lächeln!«

Ist Religion nicht eine Form von Schwäche, ein verzweifelter Versuch, in sich die Illusion eines Ziels und eines »Getragenwerdens« zu erzeugen, um dem Nichts, der Sinnlosigkeit des Lebens nicht ins Auge schauen zu müssen?

Deine Frage trifft ins Herz jeder Religion. Jeder Glaubende muss sich diese Frage stellen. Ich stelle sie mir manchmal auch. Dann überlege ich mir: Ja, du hast recht. Alles Beten ist nur Nervenberuhigung. Alle Religion ist nur dazu da, damit wir in dieser Welt einigermaßen gut leben können, ohne zu verzweifeln. Der Glaube will nur der Sinnlosigkeit des Daseins ausweichen. Wenn ich mir jedoch diese Alternative zu Ende denke, dann kommt in mir ein Gefühl der absoluten Absurdität hoch. Dann können wir gar nichts erkennen.

Was die Physik anbietet, ist nur ein Verstehensmodell, genauso wie der Glaube ein Verstehensmodell ist. Die Grundfrage ist: Will ich diesen Modellen trauen oder gebe ich zu, dass wir eigentlich gar nichts wissen? Aber auch dann ist die Frage, wie ich mit diesem Nichtwissen umgehe. Soll ich dann verzweifeln? Oder soll ich – wie Sigmund Freud – sagen: Mehr gibt es nicht. Damit musst du dich dann zurechtfinden. Doch die Lebenshaltung von Sigmund Freud hat mich nicht überzeugt. Sie ist sehr pessimistisch. Da entscheide ich mich lieber für die optimistische Variante des Glaubens.

Wenn ich die Alternative der Absurdität zulasse und zu Ende denke, dann kommt tief aus meinem

Herzen – und aus meinem Bauch heraus – das Gefühl hoch: Ich traue der Bibel. Ich traue dem heiligen Augustinus und seiner Theologie. Ich glaube, dass die Jünger Jesu nicht einer Fata Morgana nachgelaufen sind, dass sie eine Erfahrung des Glaubens gemacht haben, die auch mich zu tragen vermag. Ich traue der heiligen Teresa von Ávila und ihrer Gotteserfahrung. Sie hat nicht auf die falsche Karte gesetzt. Sie ist nicht einer Illusion gefolgt. Sie hat Gott gesucht und ihn immer wieder auch erfahren. Auf diesem Weg ist sie glücklich geworden. Wenn ich ihre Bücher lese, fühle ich mich angesprochen. Da spüre ich das Herz eines Menschen. All diese Erfahrungen geben mir den Mut: Ich setze auf diese Karte des Glaubens.

Dieser Sprung in den Glauben ist nicht gegen den Verstand. Aber er übersteigt ihn. Und dieser Sprung lässt sich vom Verstand durchaus begründen.

Der Schweizer Therapeut C. G. Jung meint, wer Gott mit seinem Verstand leugnet, der kann zwar durchaus bedenkenswerte Argumente dagegen anführen. Doch die Weisheit der Seele weiß um die Existenz Gottes. Wer aber gegen die Weisheit seiner Seele lebt, der wird rastlos, neurotisch und erstarrt innerlich. Er muss seine Erstarrung dann durch tausend Aktivitäten überspielen. Insgesamt – so meint Jung – machen diese Menschen den Eindruck, tot zu sein. Ihre hektische äußere Routine verdeckt nur ihr inneres Totsein.

C. G. Jung meint, im Traum gebe es keine Atheisten. Denn die Seele bildet im Traum Symbole, die über diese Welt hinausweisen und letztlich auf Gott verweisen. Ich kann natürlich sagen: Das ist alles nur ein Trick der Natur, damit der Mensch es in dieser Welt aushält. Ich kann aber auch vertrauen, dass dies alles einen Sinn hat. Dann liegt der Glaube näher als der Unglaube.

Der Glaube soll nicht dazu führen, dass wir die Hände in den Schoß legen. Wir sollen durchaus der eigenen Kraft vertrauen. Doch ich erlebe viele Menschen, die ausgebrannt sind. Sie haben ihrer Kraft vertraut. Aber diese hat nicht ausgereicht, um den Anforderungen des Lebens gerecht zu werden.

Für mich ist die Erfahrung des Heiligen Geistes eine Erfahrung, die mich einfach glauben lässt. Der Glaube hilft mir, gelassener zu sein und letztlich mehr und effektiver zu arbeiten als Menschen, die nur auf die eigene Kraft vertrauen und sich dann irgendwann verausgaben, weil ihre Kraft begrenzt ist.

Ich achte Menschen, die ihrer Kraft vertrauen. Meine Erfahrung zeigt mir jedoch, dass unsere Kraft immer auch begrenzt ist. Heilige haben auch aus einer anderen Quelle geschöpft und so oft mehr in der Welt bewirkt als viele Mächtige. So spüre ich, dass ich gelassener leben kann, wenn ich nicht nur meiner Kraft vertraue, sondern auch der Kraft des Heiligen Geistes, die als Quelle in mir sprudelt, damit ich aus ihr schöpfen kann.

Warum ist Jesus aus freien Stücken am Kreuz gestorben? Ist Jesus wirklich auferstanden oder haben sich das seine Jünger und Jüngerinnen nur eingebildet?

Jesus ist von den Römern ermordet worden. Er ist gewaltsam ans Kreuz geschlagen worden. Er hat den Tod nicht gesucht. Aber als er merkte, dass es wohl auf seinen gewaltsamen Tod hinauslaufen würde, ist er nicht davongelaufen, um sich in Sicherheit zu bringen. Vielmehr hat er dann das Schicksal des Kreuzestodes aus freien Stücken auf sich genommen.

Der Evangelist Johannes deutet diesen Entschluss als einen Ausdruck der Liebe. Und er deutet sie als Ausdruck der Freundschaft. »Es gibt keine größere Liebe, als wenn einer sein Leben für seine Freunde hingibt.« (Johannes 15,13) Warum Gott uns so liebt, das wissen wir nicht. Die Liebe ist Grund genug, die Liebe ist ohne Warum, sagt schon der Dichter Angelus Silesius. Für uns ist diese Liebe die Grundlage unseres Lebens. Dass sich Jesus für mich hingegeben hat, dass ich ihm so wertvoll war, dass er sein Leben für mich aufs Spiel gesetzt hat, das gibt mir meine Würde. Diese Liebe ist der Grund, auf dem ich mein Leben aufbauen kann. Noch etwas anderes sagt Jesus über seinen Tod: »Deshalb liebt mich der Vater, weil ich mein Leben hingebe, um es wieder zu nehmen. Niemand entreißt es mir, sondern ich gebe es aus freiem Willen hin.« (Johannes 10,17 f.)

Das klingt zunächst paradox. Wir wissen, dass Jesus den Tod nicht gesucht hat. Aber in diesem Wort liegt für mich ein Schlüssel, wie wir mit den Schicksalsschlägen umgehen sollen, die uns von außen auferlegt werden – etwa eine Krankheit oder ein Unglück. Die Kunst des Lebens besteht darin, das, was mir widerfährt und was meine Pläne durchkreuzt, in einen Akt der Hingabe zu verwandeln.

Meine Mutter hat über ihre Krankheiten in den letzten Lebensjahren nie gejammert. Sie sagte immer: »Das opfere ich auf für meine Kinder und Enkelkinder.« Diese Haltung hat ihrem Leiden Sinn gegeben und es den Kindern ermöglicht, sie gerne zu besuchen. Von ihr ging kein Vorwurf aus wie von manchen anderen kranken Leuten: »Ihr habt es gut. Nur mir geht es so schlecht.« Wenn die Krankheit oder das Leid in einen Akt der Hingabe verwandelt wird, dann fühlen sich die Menschen geliebt und angenommen.

In diesem Satz ist aber auch schon die Auferstehung angedeutet: Ich gebe mein Leben hin, um es wieder zu nehmen. Jesus bleibt nicht im Tod. Er nimmt sich sein Leben wieder, das ihm der Vater anbietet. Die Frage ist, wie wir die Auferstehung Jesu verstehen sollen. Paulus spricht immer davon, dass Gott Jesus auferweckt hat. Johannes dagegen sagt: Jesus steht vom Tode auf.

Du fragst, ob Jesus wirklich auferstanden ist. Zunächst kann man die Auferstehung nicht beweisen. Aber der Glaube der Jünger an die Auferstehung ist eine Tatsache. Da kannst du zu Recht fragen, ob sich die Jünger die Auferstehung nur eingebildet haben. Wir dürfen vertrauen, dass sie Jesus tatsächlich als Auferstandenen erfahren haben. Und diese Erfahrung, die wir heute nicht mehr genau beschreiben können, hat ihr Leben völlig verwandelt. Sie waren sich gewiss: Dieser Jesus, der für uns gestorben ist, ist auferstanden. In diesem Satz lässt sich ihr ganzes Glaubensbekenntnis zusammenfassen.

Dieser Glaube an den Auferstandenen kann auch uns tragen. Die Frage ist, was dieser Glaube bedeutet. Er bedeutet, dass Jesus nicht im Tod geblieben ist, sondern im Tod zu Gott auferstanden ist. Und er bedeutet, dass auch wir im Tod nicht ins Leere fallen, sondern in die Liebe Gottes hinein auferstehen. Auferstehung heißt, dass die Liebe stärker ist als der Tod. So hat es uns der Evangelist Johannes in seinen Auferstehungsgeschichten und in den Worten Jesu verkündet.

Gabriel Marcel, ein französischer Philosoph, hat das so ausgedrückt: »Lieben, das heißt zum andern sagen: Du, du wirst nicht sterben.« In der Liebe steckt schon eine Ahnung von Auferstehung. Die Liebe wird den Tod überdauern. Das gilt für die Liebe zwischen zwei Menschen und das gilt ebenso und insbesondere für die Liebe zwischen Gott und uns.

Karl Rahner, ein Theologe, hat gezeigt, dass die Auferstehung Jesu letztlich der Sehnsucht des Menschen entspricht. Sie ist nicht ein unverständliches Faktum, das wir einfach glauben müssen, sondern sie spricht die tiefste Ahnung unseres Herzens an: dass wir im Tod nicht aus der Liebe herausfallen, weder aus der Liebe zu den Menschen noch aus der Liebe Gottes. In diesem Sinn dürfen wir vertrauen: Die Jünger haben sich die Auferstehung Jesu nicht eingebildet, sondern sie haben sie erfahren. Und die

Erfahrung, die sie mit dem Auferstandenen gemacht haben, hat ihre Sehnsucht angesprochen und sie darin bestärkt, dass die Liebe stärker ist als der Tod.

Wie kann ich mit Gott in Kontakt treten? Wie kann ich ihn erfahren oder spüren? Wie kann ich erfahren, dass Gott bei mir ist und mir antwortet, wenn ich bete?

Die eine Möglichkeit, mit Gott in Kontakt zu treten, geht über die Berührung. Wenn ich mit mir selbst in Berührung bin, dann habe ich auch eine Ahnung von Gott. Wenn ich mich selbst nicht spüre, kann ich auch Gott nicht spüren. Wenn ich aber mich spüre, spüre ich auch eine Sehnsucht in mir, die über diese Welt hinausgeht. Es ist die Sehnsucht nach Liebe, nach Glück, nach Erfolg, nach Geborgenheit, nach Sinn. Diese Sehnsucht wird nie durch etwas rein Irdisches erfüllt. Sie ist letztlich die Spur, die Gott in mein Herz gegraben hat.

Auch wenn du Gott nicht spüren kannst, so kannst du doch die Spur spüren, die Gott in deinem Herzen hinterlassen hat. In der Sehnsucht nach Gott ist schon Gott. In der Sehnsucht spürst du schon etwas vom Geheimnis Gottes, der in dir ist.

Du kannst Gott erfahren, wenn du versuchst zu beten. Stelle dir vor, dass du vor Gott sitzt und ihm einfach hinhältst, was in dir an Gedanken und Wünschen aufkommt. Wenn du dir vorstellst, dass Gott da ist, kannst du ihn manchmal auch spüren. Dann erfährst du einen inneren Frieden, der dir guttut. Aber wir können die Erfahrung Gottes nicht erzwingen. Manchmal hast du vielleicht das Gefühl, dass Gott weit weg ist. Du kannst ihn nicht spüren. Aber dann halte dich einfach aus vor Gott. Irgendwann erlebst du dann doch innere Ruhe. Gott antwortet auf dein Gebet nicht mit Worten, die du hören kannst. Aber wenn du vor Gott still wirst, tauchen in dir Gedanken und Gefühle auf, die von Gott kommen können.

Allerdings stammen nicht alle Gedanken von Gott. Die frühen Mönche sagten: Nur die Gedanken und Gefühle, die in mir Frieden, Freiheit, Lebendigkeit und Liebe erzeugen, stammen von Gott. Sie sprachen davon, dass die Gedanken, die uns eng machen, die uns überfordern und die uns in die Angst hineintreiben, von den Dämonen stammen. Sie stammen aus der Instanz unserer Seele, die sich mehr von menschlichen Maßstäben leiten lässt als von Gott. Wenn du nach dem Beten inneren Frieden spürst und ganz im Einklang bist mit dir selbst, dann darfst du darauf vertrauen, dass du auch mit Gott eins bist.

Ich glaube an Gott und brauche die Kirche nicht für meine Entwicklung. Halt finde ich bei meinen Mitmenschen. Kirche spielt für mich keine Rolle. Von der Institution Kirche erwarte ich nichts. Warum also sollte die Kirche für mich von Bedeutung sein?

Es ist gut, dass du an Gott glaubst und dass du dein Leben auf Gott baust und auch Halt bei den Mitmenschen findest. Aber die Tatsache, dass du nicht nur Gott brauchst, sondern auch die Mitmenschen, damit dein Leben gelingt, verweist schon auf den ersten Grund, warum die Kirche wichtig sein kann.

Natürlich erlebst du die Kirche vor allem in den Verlautbarungen des Papstes oder der Bischöfe oder in den konkreten Personen der Pfarrer. Und du erlebst die Kirche als Institution. Und da hast du das Gefühl, dass du sehr gut ohne diese Institution leben kannst. Aber Kirche meint in erster Linie Gemeinschaft. Die Erfahrung zeigt, dass Menschen, die etwas vertreten, Menschen brauchen, die genauso denken. Wenn ein Politiker nicht von seiner Partei getragen wird, hat er keine Chance.

Jede Religion hat nicht nur den Einzelnen geprägt, sondern auch die Gemeinschaft. Sie hat eine Öffentlichkeit geschaffen, die es erleichtert zu glauben. Natürlich hat die Kirche heute nicht mehr den Einfluss, um die Gesellschaft zu prägen. Aber es tut uns trotzdem gut, wenn wir uns in unserem Glauben von einer Gemeinschaft getragen fühlen. Ein Fest kann man nicht alleine feiern. Die Feste des Kirchenjahres – wie

Ostern und Weihnachten – verlangen nach einer gemeinsamen Feier. Das merkst du schon in der Familie. Wenn die Familie nicht mehr gemeinsam feiern kann, dann bricht etwas auseinander, dann verlierst du an Halt. In diesem Sinn brauchen wir auch die Kirche.

Natürlich hat die Kirche als menschliche Gemeinschaft immer auch teil an den Fehlern und Schwächen, die Menschen an sich haben. Daher musst du die Kirche auch nicht als Institution sehen, die alles richtig macht. Kirche ist eine Gemeinschaft, die auf dem Weg ist. Aber wir glauben, dass diese Gemeinschaft als Ganze doch vom Heiligen Geist getragen ist, dass sie als Ganze nicht völlig irregeht, sondern die Kraft in sich hat, sich immer wieder zu erneuern. Trotz aller Fehler hat die Kirche die Gesellschaft in den letzten zweitausend Jahren geprägt. Sie hat die Aufgabe, in der Gesellschaft die Sehnsucht nach dem »ganz Anderen«, also Gott wachzuhalten. Wenn es in der Gesellschaft keine Gruppe mehr gibt, die die Sehnsucht nach dem ganz Anderen wachhält, dann wird die Gesellschaft autoritär und totalitär. Das erlebst du ja auch, wenn die Wirtschaft die Gesellschaft beherrscht. Alles wird dann nur noch nach finanziellen Gesichtspunkten betrachtet und beurteilt. Die Wirtschaft erhebt einen totalen Anspruch auf den Menschen. Das tut ihm nicht gut.

Bei aller Fehlerhaftigkeit ist die Kirche dennoch ein Segen für die Menschen, weil sie immer wieder Gott ins Spiel bringt, weil sie in der Welt der Machbarkeit das ganz Andere gegenwärtig hält: Gott, die Liebe, die Barmherzigkeit Gottes, die Würde des Menschen.

Wenn dir die Kirche momentan nichts für deine persönliche Entwicklung gibt, so versuche dir doch einmal vorzustellen, wie unsere Gesellschaft ohne Kirche aussehen würde. Das fängt schon beim Stadtbild an. In den Städten entsteht schon von der Architektur her eine andere Atmosphäre, wenn man eine Kirche oder sogar mehrere darin finden kann. Da öffnet sich der Himmel. Und weil der Himmel offensteht, wird die Erde bewohnbarer. Die Kirche ist gebauter Glaube, gebaute Hoffnung. Sie ist Zeichen – mitten in der Welt – dafür, dass es etwas gibt, was unser Herz weitet, was uns über uns hinaus in einen Raum der Freiheit, der Weite und der Liebe führt.

Warum vertreten die Kirche und der Papst in vielen Bereichen »altmodische« Meinungen und Ansichten? Muss sich ein moderner Christ an die alten Moralvorstellungen der Kirche halten – beispielsweise beim Sex vor der Ehe oder bei der Verhütung? Warum sagt die Kirche auch, dass man in der Ehe lebenslang zusammenbleiben muss?

Die Kirche tut sich manchmal schwer, die Situation des modernen Menschen zu verstehen und zu berücksichtigen. Aber bei allem, was die Kirche sagt, ist es wichtig, zu erkennen, was denn dahintersteht, was sie den Menschen damit sagen möchte. Die Kirche will den Menschen nicht irgendetwas Schweres auferlegen. Jesus selbst hat davor gewarnt, den Menschen etwas aufzubürden, was sie nicht tragen können.

Das Ziel aller Ethik ist, dem Menschen aufzuzeigen, wie sein Leben gelingen kann. Die Zehn Gebote meinen eigentlich: Weisungen. Die Gebote wollen Wegweiser in die Freiheit oder, wie man sie auch übersetzen kann, »Worte der Freiheit« sein. Sie wollen die Freiheit und Würde des Menschen schützen. Das ist das Ziel aller Moralvorschriften.

Natürlich sind die Formulierungen der Kirche immer auch gekennzeichnet von der Zeit, in der sie entstanden sind. Daher ist es ihre Aufgabe, das, was immer gilt, in die jeweilige Zeit hinein jeweils neu zu übersetzen. Die Kirche kann aber nicht einfach die Maßstäbe der modernen Medien übernehmen. Denn wenn wir diese einmal analysieren, tun sie dem Menschen letztendlich auch nicht gut.

Sexualität

Nehmen wir das Beispiel der Sexualität. Sicher klingen da in den kirchlichen Verlautbarungen manchmal sexualfeindliche Töne durch. Aber alle Kulturen und Religionen wissen, dass die Sexualität einerseits eine gute Gabe Gottes ist, die fasziniert und den Menschen verzaubern kann. Andererseits ist sie aber oft auch ein Ort tiefster Verletzungen. Das Anpreisen und das freie Ausleben der Sexualität, wie es die Medien propagieren, führt oft dazu, dass der Sexualität ihre Würde genommen wird. Gerade wenn wir Sexualität in einem größeren Rahmen sehen, müssen wir von ihr nicht alles erwarten und können sie gerade deswegen ernst nehmen.

Die kirchlichen Weisungen zum Thema Sexualität kannst du durchaus kritisch betrachten. Da gibt es sicher zeitbedingte Formulierungen und Ansichten. Aber wichtig wären folgende Fragen, mit denen du dich auseinandersetzen solltest: Was tut dem Menschen wirklich gut? Tut es dem (jungen) Menschen gut, die Sexualität sofort auszuleben, sobald er den Drang danach spürt? Soll er die Sexualität wie den Essenstrieb sehen – sobald er sexuelle Bedürfnisse hat, lebt er sie aus?

Einerseits brauche ich zur sexuellen Begegnung einen Partner oder eine Partnerin, andererseits darf ich diese aber nicht zur Bedürfnisbefriedigung missbrauchen, sie wollen geachtet werden. Ich kann Sexualität natürlich auch allein ausleben, etwa in der Selbstbefriedigung – hier gibt es sicher alte kirchliche Verbote, die oft das Gegenteil von dem bewirkt haben, was sie eigentlich im Sinn hatten –, aber Selbstbefriedigung kann auch dazu führen, dass der Mensch zu sehr um sich kreist und dabei die ganze Kultur der Erotik, des Flirtens, der Anziehung durch das andere Geschlecht überspringt.

Es geht bei diesen Fragen letztlich nicht um Verbote, nicht um die Frage, was Sünde ist und was nicht, sondern um die Einschätzung, was dem Menschen auf Dauer hilft. Und deshalb muss man immer wieder neu über die Sexualität nachdenken und dabei die Erkenntnisse der Psychologie und der Medizin berücksichtigen. Das hat die Kirche oft nicht getan.

Wenn wir das Verbot von Sex vor der Ehe betrachten, so hat die Kirche das sicher oft zu rigoros behandelt. Aber heute gibt es unter jungen Menschen wieder Tendenzen, die Sexualität der Ehe vorzubehalten, weil sie spüren, dass das Warten die Sexualität vertieft. Das Verbot heißt nicht: Du darfst nie Sex vor der Ehe haben. Vielmehr liegt der Sinn darin, dass die gelebte Sexualität eine Bindung an einen anderen Menschen erfordert.

Verhütung

Auch beim Thema Verhütung gibt es kirchliche Verlautbarungen, die sehr rigoros klingen. Hier sollte die Kirche die Erkenntnisse der Psychologie und der Medizin ernst nehmen und sich von abstrakten Theorien verabschieden. Allerdings gibt es heute auch Tendenzen – etwa bei Frauen, die sich für das umweltbewusste und natürliche Leben aussprechen –, sich gegen die ständige Einnahme der »Pille« zu wehren. Sie wollen nicht ständig mit Chemie im Bauch leben. Sie verzichten auf »die Pille« – nicht wegen der kirchlichen Sexualmoral, sondern weil sie sich nicht fremdbestimmen lassen wollen. Aber wie einer mit »der

Pille« umgeht, das muss er letztlich selbst entscheiden. Da helfen die Vorschriften von außen nicht weiter.

Bei all diesen Normen gilt die Lehre der Kirche, dass das Gewissen die oberste Norm ist. Du musst dich nicht unbedingt nach den Normen der Kirche richten. Du sollst dich nach deinem eigenen Gewissen richten. Aber es wäre gut, wenn du dazu die verschiedenen Ansichten und Normen zur Sexualität bedenken würdest. Du kannst die allgemeine Auffassung von Sexualität und Verhütung betrachten und dir überlegen, wie die Kirche auf die Idee kommt, die natürliche Sexualität zu propagieren. Und dann musst du selbst entscheiden. Natürlich ist die kirchliche Lehre hier manchmal sehr idealistisch und in Wirklichkeit nicht immer realisierbar. Dann muss man nach Wegen suchen, die den Menschen angemessen sind.

Ehe

Die Kirche sagt nicht aus Willkür, dass die Ehe lebenslang gemeint ist. Sie will damit den Worten Jesu gerecht werden: »Was Gott verbunden hat, das darf der Mensch nicht trennen.« (Matthäus 19,6) Das Ziel einer Bindung ist die lebenslange Treue. Diese Treue gibt dem Willen der Eheleute Halt und Kraft. Und das ist ein Segen für das Zusammenleben und vor allem für die Kinder. Die Kinder erhalten so einen verlässlichen Raum der Geborgenheit, in dem sie aufwachsen können.

Natürlich weiß die Kirche, dass es immer auch ein Scheitern gibt. Damit hat Jesus schon gerechnet, wenn er bei seinem Verbot der Ehescheidung auch eine Ausnahme zulässt. Wir wissen nicht mehr genau, wie er diese Ausnahme verstanden hat, wenn er sagt: »Wer seine Frau entlässt, obwohl kein Fall von Unzucht vorliegt, und eine andere heiratet, der begeht Ehebruch.« (Matthäus 19,9) Die Kirche hat im Umgang mit Geschiedenen und Wiederverheirateten sicher oft rigorose Forderungen aufgestellt. Und sie ist nicht immer der Weisung Jesu gefolgt. In der Praxis sieht das in den einzelnen Gemeinden aber oft anders aus. Und das ist auch gut so.

Auch wenn man um das Ideal weiß, muss man trotzdem Wege in der Realität finden. Dabei tut sich die Kirche schwer. Und da darfst du sie auch kritisieren. Aber du sollst dabei immer bedenken, dass sie die Ehe schützen möchte. Wir haben in der Kirche noch keine angemessene Kultur im Umgang mit Scheitern gefunden. Das wäre sicher eine Aufgabe der Zukunft. Und da sind die kritischen Anfragen von euch jungen Menschen eine Herausforderung, über die die Kirche nicht hinweggehen darf.

Wie kann ich meinen Weg auswählen und diesen gehen, ohne meinen Eltern dabei wehzutun – zum Beispiel bei Partnerschaft oder Berufswahl?

Du sollst deinen eigenen Weg gehen. Jesus selbst hat den Menschen Mut gemacht, ihrer eigenen inneren Berufung zu folgen. Sie sollen auf die innere Stimme hören, auf den Antrieb, den sie in sich spüren. So fordert er einen Mann auf, der ihm nachfolgen will: »Lass die Toten ihre Toten begraben; du aber geh und verkünde das Reich Gottes!« (Lukas 9,60) Übertragen könnte man sagen: Der Mann soll nicht warten, bis sein Vater gestorben ist, um den Weg zu gehen, den er als richtig erkannt hat. Der Vater ist für ihn letztlich tot, wenn es um die Frage der eigenen Lebensgestaltung geht. Der Vater ist mir Ratgeber, aber kein Gesetzgeber. Ich muss nicht seine Erwartungen erfüllen. Ich darf es in Kauf nehmen, dass er meinen Weg nicht versteht.

Ähnlich klar spricht Jesus zu einem Menschen, der ihm nachfolgen will, aber zuvor noch gerne Abschied von seiner Familie nehmen möchte: »Keiner, der die Hand an den Pflug gelegt hat und nochmals zurückblickt, taugt für das Reich Gottes.« (Lukas 9,62) Da ist ein junger Mann, der gerne seinen eigenen Weg gehen möchte. Er möchte aber auch, dass seine Familie damit einverstanden ist. Das erlebe ich oft bei jungen Menschen. Sie möchten ihren eigenen Weg gehen und kämpfen dafür. Aber gleichzeitig möchten sie, dass alle ihren Weg gut finden. Doch Jesus sagt in einer solchen Situation: Es ist nicht so wichtig, ob du deine Familie von der Richtigkeit deines Weges überzeugst. Wenn du im Innersten von deinem Weg überzeugt bist, dann musst du ihn gehen, auch wenn die Eltern das nicht verstehen.

Natürlich ist es sinnvoll, den eigenen Weg mit den Eltern zu besprechen und ihr Urteil anzuhören. Aber du bist nicht verpflichtet, die Erwartungen deiner Eltern zu erfüllen. Wenn du im Innersten von deinem Weg überzeugt bist, dann hast du die Verantwortung, diesen Weg zu gehen, auch wenn die Eltern das nicht verstehen. Das macht einsam. Und manchmal tut es weh, zu sehen, dass die anderen dich nicht verstehen. Aber es ist wichtiger, dass du zu dir selbst stehst. Du sollst dich nicht einfach anpassen, damit alle mit dir zufrieden sind. Du darfst deinen eigenen Weg gehen.

Du sollst deinen Eltern zutrauen, dass sie ihn irgendwann einmal verstehen. Du kannst manchmal nicht verhindern, dass du deinen Eltern wehtust. Du willst sie ja nicht verletzen und letztlich verletzt du sie auch nicht. Du verletzt nur die Vorstellungen, die sie sich von dir gemacht haben. Und diese Vorstellungen darfst du ruhig zerbrechen. Denn du sollst das einmalige Bild leben, das Gott sich von dir gemacht hat – und nicht die Vorstellungen, die deine Eltern sich von dir gemacht haben. Wenn deine Eltern sehen, dass dein Weg für dich stimmt, dann werden sie dich irgendwann auch verstehen und unterstützen.

Der Himmel, der uns nach dem Tod erwartet, kommt mir langweilig vor. Ist der Himmel für Christen erstrebenswert? Meine Oma ist gestorben. Wo ist sie jetzt? Was passiert, wenn man stirbt? Wird Gott die bösen Menschen am Ende der Welt bestrafen?

Du hast offensichtlich eine falsche Vorstellung vom Himmel. Himmel ist nicht das langweilige Halleluja-Singen, wie es Ludwig Thoma in seinem Stück »Der Münchner im Himmel« beschreibt. Wir können uns den Himmel nicht vorstellen. Wir können nur sagen: Der Himmel ist die Erfüllung unserer tiefsten Sehnsucht. Und Ewigkeit ist keine lange Zeit, sondern das Zusammenfallen von Zeit und Ewigkeit. Wir erleben eine Ahnung von Ewigkeit manchmal in sehr tiefen Erfahrungen, etwa in der Erfahrung der Liebe oder im Anblick eines Sonnenuntergangs. In diesen Augenblicken steht die Zeit still, dann ist alles eins. So können wir uns den Himmel vorstellen: als absolute Gegenwart, als Erfüllung unserer Sehnsucht, als Lebendigkeit und Fülle. Dort sitzen wir nicht langweilig herum, sondern wir erleben Gott als den, der über all das, was je ein Auge gesehen und was je ein Ohr gehört hat, hinausgeht.

Der Himmel ist so gesehen für uns Christen durchaus erstrebenswert. In ihm finden wir all das, wonach wir unser Leben lang gesucht haben. Und wir werden in die einmalige Gestalt verwandelt, die Gott sich von uns gemacht hat. Jetzt wird erst klar, wer wir eigentlich sind.

So darfst du darauf vertrauen, dass deine Oma jetzt im Himmel ist, dass sie bei Gott ist, dass sie ganz zu sich selbst gefunden hat und dass sie im Frieden ist. Alles, was sie verletzt hat, ist verwandelt. Sie macht dir keine Vorwürfe, wenn du nicht immer achtsam mit ihr umgegangen bist. Denn sie ist im Frieden, in Gott. Und sie ist in das einmalige Bild hineinverwandelt, das Gott sich von ihr gemacht hat. Sie ist jetzt ganz sie selbst geworden. Du kannst dich fragen, was ihre Botschaft an dich ist.

Du fragst, was im Tod geschieht. Wir dürfen vertrauen, dass wir im Tod Gott in seiner Liebe begegnen werden. Aber in Gott werden wir auch unserer eigenen Wahrheit begegnen. Und diese Selbstbegegnung ist immer auch schmerzlich. Denn in Gott erkennen wir, wie wir hinter unseren Möglichkeiten zurückgeblieben sind, wie wir das Bild verdunkelt haben, das Gott sich von uns gemacht hat. Dieser Schmerz ist gemeint, wenn die Kirche vom »Fegefeuer« spricht. Fegefeuer ist kein Ort, sondern der Schmerz der Begegnung mit der absoluten Liebe Gottes. Die Liebe Gottes reinigt uns von allem, was das ursprüngliche Bild Gottes in uns trübt, und macht uns offen für die Begegnung mit Gott. Wenn wir uns in die Liebe Gottes hineinfallen lassen, dann sind wir im Himmel.

Du fragst, ob Gott am Ende der Welt die bösen Menschen bestrafen wird. Zunächst ist das Ende der Welt für jeden in seinem Tod gekommen. Im persönlichen Tod ist für jeden die Welt zu Ende. Was die Bibel mit dem Gericht über die bösen Menschen meint, hat seine Berechtigung. Nur müssen wir es richtig verstehen. Zunächst spricht die Bibel von Hölle. Damit ist gemeint: Du kannst auch scheitern. Lebe daher dein Leben jetzt richtig. Aber zugleich dürfen wir vertrauen, dass wir uns im Tod auch mit unserer Schuld in Gottes Liebe hineinfallen lassen dürfen. Dann sind wir gerettet. Dann sind wir im Himmel.

Hölle können wir uns so vorstellen: Ein Sohn hat sich mit seinen Eltern zerstritten. Die Eltern lassen aber die Tür offen, der Sohn ist jederzeit willkommen. Es kann jedoch sein, dass sich der Sohn so verrannt hat, dass er die offen gehaltene Tür zuschlägt. Dann ist er draußen. Hölle meint, dass ich mich selbst vom Leben ausschließe. Nicht Gott stürzt mich in die Hölle, sondern ich verschließe mich und bin dann ausgeschlossen vom Leben.

Gericht meint nicht, dass Gott die bösen Menschen verurteilt, sondern dass jeder Mensch ins Gericht muss, um sich von Gott auf seine Liebe hin ausrichten zu lassen. Früher habe ich das Bild des Gerichtes gar nicht geliebt. Es war für mich zu sehr mit dem Bild des Verurteilens verbunden. Doch der Philosoph Max Horkheimer sagte einmal: Es ist eine Ursehnsucht des Menschen, dass die Täter nicht über ihre Opfer triumphieren. Damit auch für die Täter eine Chance besteht, in den Himmel zu kommen, muss es ein Gericht geben. Das Gericht ist die Möglichkeit, dass die Täter sich auf Gott hin und auf die Liebe hin ausrichten lassen und dass sie so verwandelt werden. Nur so können sie mit den Opfern zusammen leben, ohne dass sie über diese triumphieren. Aber auch die Opfer müssen gerichtet werden, auch sie müssen sich ausrichten lassen auf die vergebende Liebe Gottes hin. Nur so ist ein Miteinander von Opfern und Tätern möglich.

Gott ist kein strafender Gott, aber Gott ist die Wahrheit. Und keiner kann an seiner eigenen Wahrheit vorbei zu Gott kommen. Jeder muss in das Gericht Gottes. Doch das Ziel des Gerichtes ist nicht die Verurteilung und Bestrafung der bösen Menschen, sondern das Ausrichten auf Gott hin. Gericht ist demnach keine endgültige Verurteilung für all die schlechten Taten. Wir haben das Gericht Gottes in der Vergangenheit viel zu sehr mit unserem weltlichen Gericht verglichen. Vielmehr geht es um ein Ausgerichtetwerden auf Gott hin. Aber das ist umso schmerzlicher, je weiter wir an unserer Wahrheit und an der Liebe Gottes vorbeigelebt haben. Aber als Christen halten wir daran fest, dass es im Tod für jeden Menschen eine Chance gibt, sich von Gott ausrichten zu lassen und so zur Fülle des Lebens zu gelangen.

Quellenverzeichnis

Alle Gebete sind entnommen aus dem Buch: Jonathan Düring/ Hubert Hering: 3 Minuten Stille. Gebete und Meditationen für den Schulalltag, Vier-Türme-Verlag, Münsterschwarzach 2007

Die Texte von Anselm Grün sind entnommen seinen Büchern: Die Zehn Gebote. Wegweiser in die Freiheit, Vier-Türme-Verlag, Münsterschwarzach, 2. Auflage 2006; Die Kunst erwachsen zu werden. Ein Gespräch mit jungen Menschen, Vier-Türme-Verlag, Münsterschwarzach 2010

Die Geschichten zum Anfang der Kapitel sind traditionelle Weisheitsgeschichten. Bearbeitung: Marlene Fritsch